中等职业教育国家规划教材
全国中等职业教育教材审定委员会审定

Qiche Shiyong Xingneng yu Jiance
汽车使用性能与检测

（第三版）

杨益明　郭　彬　主　编

人民交通出版社股份有限公司
China Communications Press Co., Ltd.

内 容 提 要

本书是中等职业教育国家规划教材之一。本书主要内容包括汽车使用性能及检测技术认知、汽车动力性认知、汽车燃油经济性认知、汽车行驶安全性检测、汽车的舒适性和通过性认知、汽车前照灯和车速表检测、汽车排放与噪声检测、汽车的合理使用 8 个项目,共计 21 个学习任务。

本书可作为中等职业学校汽车运用与维修专业教学用书,也可供汽车检测、维修人员学习参考。

图书在版编目(CIP)数据

汽车使用性能与检测 / 杨益明,郭彬主编. —3 版. —北京:人民交通出版社股份有限公司,2016.4
中等职业教育国家规划教材
ISBN 978-7-114-12845-5

Ⅰ. ①汽… Ⅱ. ①杨… ②郭… Ⅲ. ①汽车–性能检测–中等专业学校–教材 Ⅳ. ①U472.9

中国版本图书馆 CIP 数据核字(2016)第 041059 号

书　　　名:	汽车使用性能与检测(第三版)
著 作 者:	杨益明　郭　彬
责任编辑:	时　旭
出版发行:	人民交通出版社股份有限公司
地　　　址:	(100011)北京市朝阳区安定门外外馆斜街 3 号
网　　　址:	http://www.ccpcl.com.cn
销售电话:	(010)59757973
总 经 销:	人民交通出版社股份有限公司发行部
经　　　销:	各地新华书店
印　　　刷:	北京市密东印刷有限公司
开　　　本:	787×1092　1/16
印　　　张:	10.75
字　　　数:	246 千
版　　　次:	2002 年 7 月　第 1 版 2011 年 4 月　第 2 版 2016 年 4 年　第 3 版
印　　　次:	2021 年 1 月　第 3 版　第 4 次印刷　总第 24 次印刷
书　　　号:	ISBN 978-7-114-12845-5
定　　　价:	25.00 元

(有印刷、装订质量问题的图书由本公司负责调换)

第三版前言

本套中等职业教育国家规划教材，自2002年首次出版以来，获得师生的一致好评，被国内多所中等职业院校选为教学用书；2011年，根据教学需求本套教材进行了修订，使之在结构和内容上与教学内容更加吻合，更注重对学生实践能力的培养。

为了体现现代职业教育理念，贴近汽车运用与维修专业实际教学目标，促进"教、学、做"更好结合，突出对学生技能的培养，使之成为技能型人才，故人民交通出版社股份有限公司组织相关老师再次对本套教材进行了修订。本次教材的修订，吸收了教材使用院校教师的意见和建议，经过与编者的认真研究和讨论，确定了修订方案。

《汽车使用性能与检测》的修订工作，是以本书"新编版"为基础，在修订方案的指导下完成的。修订内容主要体现在以下五个方面：

(1) 引用最新检测标准，介绍新的检测诊断技术和仪器设备，突出安全环保检测标准和方法的介绍；

(2) 考虑到中职学生的基础和认知特点，删除理论性较深的内容，包括一些公式的推导；

(3) 删除燃油经济性检测等专业性较强的内容；

(4) 增加汽车的合理使用等内容；

(5) 更新部分图片，并纠正原版教材中的错误。

本教材由南京交通职业技术学院杨益明、郭彬担任主编。项目1至项目4由杨益明编写，项目5至项目8由郭彬编写。

限于编者水平，书中难免有疏漏和错误之处，恳请广大读者提出宝贵建议，以便进一步修改和完善。

编　者
2015年10月

第二版前言

为了贯彻《中共中央国务院关于深化教育改革全面推进素质教育的决定》，落实《面向21世纪教育振兴行动计划》中提出的"职业教育课程改革和教材建设规划"，教育部全面启动了中等职业教育国家规划教材建设工作。交通职业教育教学指导委员会汽车运用与维修学科委员会组织全国交通职业学校（院）的教师，根据教育部最新颁布的汽车运用与维修专业的主干课程教学基本要求，编写了中等职业教育汽车运用与维修专业国家规划教材共7册，并通过了全国中等职业教育教材审定委员会的审定。

本套教材的编写融入了全国各交通职业学校（院）汽车运用与维修专业近20年来的教学改革成果，并结合了汽车维修企业的生产实践，具有较强的针对性。新教材较好地贯彻了素质教育的思想，力求体现以人为本的现代理念，从交通行业岗位群的知识和技能要求出发，并结合对培养学生创新能力、职业道德方面的要求，提出教学目标并组织教学内容，在教材的理论体系、组织结构、内容描述上与传统教材有了明显的区别。为使教师和学生明确教学目的，培养学生的实践能力，在教材各章开始提出本章的教学目标，在各章教学内容之后附有本章小结、复习与思考和实训要求，便于学生复习和各教学单位组织配套的实训课程。

本书偏重乘用车，强调节能安全环保等知识，同时引入了新的法规标准、检测诊断技术和仪器设备，并删去一些相对陈旧的内容。

参加本书编写的有：南京交通职业技术学院杨益明（编写项目1～项目4）、南京交通职业技术学院郭彬（编写项目5～项目7）。本书由杨益明担任主编。

限于编者经历及水平，教材内容很难覆盖全国各地的实际情况，希望教学单位在积极选用和推广国家规划教材的同时，注意总结经验，及时提出修改意见和建议，以便再版修订时改正。

交通职业教育教学指导委员会
汽车运用与维修学科委员会
二〇一一年四月

第一版前言

为了贯彻《中共中央国务院关于深化教育改革全面推进素质教育的决定》，落实《面向21世纪教育振兴行动计划》中提出的"职业教育课程改革和教材建设规划"，教育部全面启动了中等职业教育国家规划教材建设工作。交通职业教育教学指导委员会汽车运用与维修学科委员会组织全国交通职业学校(院)的教师，根据教育部最新颁布的汽车运用与维修专业的主干课程教学基本要求，编写了中等职业教育汽车运用与维修专业国家规划教材共7册，并通过了全国中等职业教育教材审定委员会的审定。

本套教材的编写融入了全国各交通职业学校(院)汽车运用与维修专业近20年来的教学改革成果，并结合了汽车维修企业的生产实践，具有较强的针对性。新教材较好地贯彻了素质教育的思想，力求体现以人为本的现代理念，从交通行业岗位群的知识和技能要求出发，并结合对培养学生创新能力、职业道德方面的要求，提出教学目标并组织教学内容，在教材的理论体系、组织结构、内容描述上与传统教材有了明显的区别。为使教师和学生明确教学目的，培养学生的实践能力，在教材各章开始提出本章的教学目标，在各章教学内容之后，附有本章小结、复习与思考和实训要求，便于学生复习和各教学单位组织配套的实训课程。

《汽车使用性能与检测》是中等职业教育汽车运用与维修专业国家规划教材之一，内容包括：汽车动力性、汽车燃油经济性、汽车行驶安全性、汽车的舒适性、汽车的通过性、车轮动车前衡的检测、汽车前照灯检测、汽车车速表检测、汽车车轮侧滑的检测、汽车废气与噪声的检测、汽车的合理使用共12章。

参加本书编写工作的有：南京交通职业技术学院杨益明(编写第一、二、三、四、五、六章)、南京交通职业技术学院陈林山(编写第七、八、九、十、十一、十二章)，全书由南京交通职业技术学院杨益明担任主编，烟台师范学院交通学院曲衍国担任责任编委。

本书通过全国中等职业教育教材审定委员会的审定，由山东交通学院冯晋祥教授担任责任主审，代汝泉、陈雯副教授审稿。他们对书稿提出了宝贵意见，在此，表示衷心感谢。

限于编者经历及水平，教材内容很难覆盖全国各地的实际情况，希望各教学单位在积极选用和推广国家规划教材的同时，注意总结经验，及时提出修改意见和建议，以便再版修订时改正。

交通职业教育教学指导委员会
汽车运用与维修学科委员会
二〇〇二年五月

目 录

项目1 汽车使用性能及检测技术认知 ········· 1
    学习任务1　汽车使用性能与检测技术认知 ········· 1
    学习任务2　汽车性能检测站认识 ········· 4

项目2 汽车动力性认知 ········· 14
    学习任务1　汽车动力性理论分析 ········· 14
    学习任务2　汽车动力性检测 ········· 24

项目3 汽车燃油经济性认知 ········· 33
    学习任务1　汽车燃油经济性评价指标认知 ········· 33
    学习任务2　汽车燃油经济性的影响因素认知 ········· 38

项目4 汽车行驶安全性检测 ········· 49
    学习任务1　汽车制动性认知 ········· 49
    学习任务2　汽车制动性检测 ········· 56
    学习任务3　汽车车轮平衡检测 ········· 69
    学习任务4　汽车转向轮侧滑检测 ········· 78

项目5 汽车的舒适性和通过性认知 ········· 88
    学习任务1　汽车的行驶平顺性认知 ········· 88
    学习任务2　空气调节与居住性认知 ········· 91
    学习任务3　汽车通过性认知 ········· 94

项目6 汽车前照灯和车速表检测 ········· 99
    学习任务1　汽车前照灯检测 ········· 99
    学习任务2　汽车车速表检测 ········· 110

项目7 汽车排放与噪声检测 ········· 118
    学习任务1　汽车排放检测 ········· 118
    学习任务2　汽车噪声检测 ········· 135

项目 8　汽车的合理使用 ··· 141

　学习任务 1　新车走合期的合理使用 ··· 141

　学习任务 2　汽车在正常条件下的合理使用 ··· 145

　学习任务 3　汽车在特殊条件下的合理使用 ··· 148

　学习任务 4　汽车运行材料的合理使用 ··· 155

参考文献 ·· 164

项目 1　汽车使用性能及检测技术认知

学习任务 1　汽车使用性能与检测技术认知

1. 了解汽车使用性能及评价指标；
2. 了解国内外汽车性能检测技术发展历史及趋势。

一、任务分析

随着社会汽车拥有量的急剧增加,如何正确、安全和有效地使用车辆,已成为现代人必须面对的一个问题。作为汽车检测维修的从业人员,更应该了解汽车各方面的使用性能以及汽车检测技术的相关知识。本任务从汽车使用性能的涵盖要素出发,介绍汽车性能评价参数和汽车检测技术等知识。

二、相关知识

1. 汽车的使用性能

汽车的主要使用性能有动力性、燃油经济性、制动性、操纵稳定性、通过性、舒适性等。

1)汽车的动力性

汽车的动力性表示汽车克服行驶阻力,达到高的平均行驶速度的能力。它的评价指标主要有以下 3 个:汽车的最高车速、汽车的加速能力和汽车的爬坡能力。

2)汽车的燃油经济性

汽车的燃料经济性表示汽车以尽量少的燃料消耗量经济行驶的能力。它的评价指标主要有:等速百千米燃料消耗量;等速吨百千米燃料消耗量;循环行驶试验工况百千米燃料消耗量。

3)汽车的制动性

汽车的制动性表示汽车能在短时间内迅速降低车速直至停车并保持方向稳定的能力。制动效能是汽车的制动性最基本的评价指标,另外还有制动效能的恒定性、制动时汽车的方向稳定性。

4)汽车的操纵稳定性

汽车的操纵稳定性包括互相联系的两个内容:一个是操纵性,另一个是稳定性。操纵性表示汽车能及时而准确按照驾驶人的指令行驶的能力;稳定性是指汽车抵抗外界干扰保持稳定行驶的能力。

有时将汽车的制动性和操纵稳定性合称为行驶安全性。

5) 汽车的通过性

汽车的通过性表示汽车能以足够高的平均速度通过各种坏路和障碍物的能力。它主要通过最小离地间隙、接近角、离去角、最小转弯半径等几何参数来表示。

6) 汽车的舒适性

汽车的舒适性是表示汽车行驶时对乘员身心影响的程度。它主要取决于行驶平顺性、噪声、空气调节和居住性等。

另外,汽车排放的废气和产生的噪声,严重地影响了人类的生存环境,影响人类的健康。因此,监督并检查汽车废气污染物的浓度和噪声级,已成为汽车检测项目中不可缺少的部分。

2. 汽车检测技术概述

汽车检测技术是伴随着汽车技术的发展而发展的。在汽车发展的早期,人们主要是通过有经验的维修人员发现汽车的故障并作有针对性的修理,即过去人们常讲的"望"(眼看)、"闻"(耳听)、"切"(手摸)方式。随着现代科学技术的进步,特别是计算机技术的进步,汽车检测技术也飞速发展。目前人们已能依靠各种先进的仪器设备,对汽车进行不解体检测,而且安全、迅速、准确。

1) 国外汽车检测技术发展概况

汽车检测技术是从无到有逐步发展起来的。早在20世纪50年代在一些工业发达国家就形成以故障诊断和性能调试为主的单项检测技术并生产单项检测设备,如发动机分析仪、发动机点火系统故障诊断仪和汽车道路试验速度分析仪等。60年代后期,国外汽车检测诊断技术发展很快,并且大量应用电子、光学、理化与机械相结合的光机电、理化机电一体化检测技术。例如:非接触式车速仪、前照灯检测仪、车轮定位仪、排气分析仪等都是光机电、理化机电一体化的检测设备。

进入20世纪70年代以来,随着计算机技术的发展,出现了汽车检测诊断、数据采集处理自动化、检测结果直接打印等功能的汽车性能检测仪器和设备。在此基础上,各工业发达国家相继建立了汽车检测站,在汽车检测管理上已实现了"制度化";在检测基础技术方面已实现了"标准化";在检测技术上向"智能化、自动化检测"方向发展。

工业发达国家的汽车检测都有一整套的标准。判断受检汽车技术状况是否良好,是以标准中规定的数据为准则,检查结果是以数字显示。除对检测结果有严格完整的标准以外,国外对检测设备也规定了相应的标准,如检测设备的检测性能、具体结构、检测精度等都有相应标准。对检测设备的使用周期、技术更新等也有具体要求。

随着科学技术的进步,国外汽车检测设备在智能化、自动化、精密化、综合化方面都有新的发展,出现了具有全自动功能汽车制动检测仪、全自动前照灯检测仪、发动机分析仪、发动机诊断仪、计算机四轮定位仪等检测设备。

进入20世纪80年代后,计算机技术在汽车检测技术领域的应用进一步发展,已出现集检测工艺、操作、数据采集和打印、存储、显示等功能于一体的系统软件,使汽车检测线实现了全自动化,这样不仅可避免人为的判断错误,提高检测准确性,而且可以把受检汽车的技术状况储存在计算机中,既可作为下次检测参考,还可供处理交通事故参考。

2)我国汽车检测技术发展概况

我国汽车检测技术的研究从20世纪60年代开始,70年代得到了大力发展,汽车不解体检测技术及设备被列为国家科委的开发应用项目。国家在"六五"期间重点推广了汽车检测与诊断技术。80年代,原交通部主持研制开发了汽车制动试验台、侧滑试验台、轴(轮)重仪、速度试验台、灯光检测仪、发动机综合分析仪、底盘测功机等。

20世纪80年代初,原交通部在大连市建立了国内第一个汽车检测站。从工艺上提出将各种单台检测设备安装联线,构成功能齐全的汽车检测线,其检测纲领为30000辆次/年。继大连检测站之后,原交通部先后要求10多个省市、自治区交通厅(局)筹建汽车检测站的任务。80年代中期,汽车监测由公安部主管,公安部在交通部建设汽车检测站基础上,进行了推广和发展,1987年颁布了国家标准《机动车运行安全技术条件》(GB 7258—1987)。仅1990年年底统计,全国已有汽车安全检测站600多个,形成了全国的汽车检测网。

1990年原交通部发布第13号部令《汽车运输业车辆技术管理规定》和1991年原交通部发布第29号部令《汽车运输业车辆综合性能检测站管理办法》以后,全国又掀起了建设汽车综合性能检测站的高潮。到2007年,全国已建立汽车综合性能检测站近1600家。

与此同时,汽车的检测技术和设备也得到了大力发展。目前全国生产汽车综合性能检测设备的厂家已有60多个,已能生产全套汽车检测设备,如大型的技术复杂的汽车底盘测功机、发动机综合分析仪、四轮定位仪、悬架检验台、制动检验台、排气分析仪灯光检验仪等。

3)我国汽车综合性能检测技术的发展方向

我国汽车综合性能检测经历了从无到有、从小到大、从单一性能检测到综合性能检测的发展过程,取得了很大的进步,尤其是检测设备的研制生产,缩小了与先进国家的差距。如今,汽车检测中通用的制动试验台、侧滑试验台、底盘测功机等,国内已自给有余,而且结构形式多样。但与世界先进水平相比,我国汽车检测技术要赶超世界先进水平,应该从汽车检测技术基础规范化、汽车检测设备智能化和汽车检测管理网络化等方面进行研究和发展。

(1)汽车检测技术基础规范化。我国检测技术发展过程中,普遍重视硬件技术,忽略或是轻视了检测方法、限值标准等基础性技术的研究。随着检测手段的完善,与硬件相配套的检测技术软件将进一步完善。今后我国将重点放在制定和完善汽车各检测项目的检测方法和限值标准;制定营运汽车技术状况检测评定细则,统一规范全国各地的检测要求及操作技术;制定用于综合性能检测站的大型检测设备的形式认证规则,以保证综合性能检测站履行其职责。

(2)汽车检测设备智能化。目前国外的汽车检测设备已大量应用光、机、电一体化技术,并采用计算机测控,有些检测设备具有专家系统和智能化功能,能对汽车技术状况进行检测,并能诊断出汽车故障发生的部位和原因,引导维修人员迅速排除故障。我国目前的汽车检测设备在采用专家系统和智能化诊断方面与国外相比还存在较大差距。如四轮定位检测系统、电喷发动机综合检测仪等,还主要依靠进口。今后我国要在汽车检测设备智能化方面加快发展速度。

(3)汽车检测管理网络化。目前我国的汽车综合性能检测站部分已实现了计算机管理系统检测,虽然计算机管理系统检测采用计算机测控,但各个站的计算机测控方式千差万别。即使采用计算机网络系统技术的,也仅仅是一个站内部实现了网络化。随着技术和管理的进步,今后汽车检测将实现真正的网络化(局域网),从而做到信息资源共享、硬件资源共享、软件资源共享。在此基础上,利用信息高速公路将全国的汽车综合性能检测站联成一个广域网,使上级交通管理部门可以及时了解各地区车辆状况。

三、任务实施

从4S店或杂志、网上找三种不同车型的汽车参数表,找出其动力性、经济性、制动性、操纵稳定性及通过性等基本参数,比较它们性能的优劣。

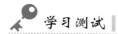

1. 汽车有哪些使用性能?
2. 何谓汽车检测?汽车检测的目的是什么?
3. 现代汽车检测的方法与过去的汽车检测方法有何不同?试述国内外汽车检测技术现状。

学习任务2　汽车性能检测站认识

学习目标

1. 正确理解我国汽车检测的管理规定;
2. 熟悉汽车性能检测站的类型、工位设置及工艺布局;
3. 了解计算机技术在汽车检测站的应用;
4. 初步具有使用汽车性能检测线进行安全环保检测的能力;
5. 初步具有汽车性能检测站管理的能力。

一、任务分析

随着制造业和交通运输业的迅速发展,汽车工业已成为当今社会的一大支柱产业,同时汽车保有量越来越大。用现代、科学、快速、定量、准确和全面的手段检测并诊断汽车的技术状况,是保证汽车更好地发挥动力性、经济性、安全性、排放性、平顺性、操纵稳定性、可靠性等的重要手段。对汽车实施不解体检测、诊断,大都是在汽车性能检测站的检测线上实施的。

二、相关知识

1. 汽车检测制度

随着我国的汽车制造业和公路交通运输业的迅猛发展，人们对汽车检测诊断技术和设备的需求也与日俱增。如何保证车辆快速、经济、灵活地运行，并尽可能地不造成社会公害等问题，已逐渐提到政府有关部门的议事日程，因而对汽车的技术管理就显得越来越重要。

1987年国家公安部颁布了国家标准《机动车运行安全技术条件》(GB 7258—1987)，1997年、2004年、2012年对此标准又作了修订。本标准规定了机动车的整车及发动机、转向系统、制动系统、照明与信号装置、行驶系统、传动系统、车身、安全防护装置等有关运行安全和排气污染物排放控制、车内噪声和驾驶人耳旁噪声控制的基本技术要求及检验方法。

根据此规定，在全国相应建立了安全环保检测站，负责对在我国道路上行驶的机动车进行定期的安全环保检测。检查的项目主要有：外观、侧滑、制动、车速表、灯光、废气排放和噪声，并对检测的项目、要求、标准、设备及方法进行了统一的规范。安全环保检测站由公安部门管理，检测结果作为发放或吊扣车辆行驶证的依据。

为加强道路运输车辆技术管理，保持车辆技术状况良好，保证运输安全，发挥车辆效能，促进节能减排，保障道路运输业健康可持续发展，交通运输部于2015年7月1日对1990年发布的13号部令《汽车运输业车辆动技术管理规定》作了修订，发布了关于《道路运输车辆技术管理规定》(征求意见稿)。凡是从事道路运输经营、道路运输车辆维修、综合性能检测业务的，以及对其实施监督管理的相关单位和人员，应当遵守本规定。

该征求意见稿要求道路运输车辆技术管理应坚持分类管理、预防为主、安全高效、节能环保、技术与经济相结合的原则。对车辆实行择优选配、正确使用、周期维护、视情修理、定期检测、适时更新的全过程管理。道路运输经营者应定期对道路运输车辆进行综合性能检测，确保车辆达到相应的技术等级要求。道路运输车辆综合性能检测和技术等级评定由汽车综合性能检测机构负责实施。运输车辆只有在认定的汽车综合性能检测站通过了检测后，才能从事汽车的营运。检测诊断的主要内容包括：汽车的安全性（制动、侧滑、转向、前照灯等）、可靠性（异响、磨损、变形、裂纹等）、动力性（车速、加速能力、底盘输出功率、发动机功率、燃油供给系统和点火系统故障等）、经济性（燃油消耗）、噪声和废气排放状况等。

2. 汽车检测站

汽车检测站是综合运用现代检测技术、电子技术、计算机应用技术，对汽车实施不解体检测、诊断的企业。它具有能在室内检测出车辆的各种性能参数、诊断出可能出现故障的状况等功能，为全面、准确评价汽车的使用性能和技术状况提供可靠依据。

1) 汽车检测站的类型

按服务对象，检测站可分为安全环保检测站和汽车综合性能检测站。

汽车安全环保检测站是一种专门从事定期检查运行车辆是否符合有关安全技术标准和防止公害等法规的规定，执行监督任务的检测站，由公安部门管理。为配合国家颁布的《机动车运行安全技术条件》(GB 7258—2012)，机动车安全环保检测站设置的检测线一般具有以下检测项目：

(1) 外观检查（包括车底检查）；

（2）前照灯光束及配光检查；

（3）前轮侧滑量检测；

（4）车速表校验；

（5）制动性能检查；

（6）废气排放检测（汽油机主要检查排放的 CO 与 HC 的含量，柴油机主要检查排放的烟度）；

（7）噪声大小和喇叭音量检测。

汽车综合性能检测站既能担负车辆动力性、经济性、可靠性和安全环保管理等方面的检测，又能担负车辆维修质量的检测以及在用车辆技术状况的检测评定，还能承担科研、教学方面的性能试验和参数测试，能为汽车使用、维修、教学、设计、制造等部门提供可靠的技术数据。

汽车综合性能检测站一般由两条线组成：一条是安全环保检测线，另一条是综合性能检测线。综合性能检测站检测项目既保留了安全环保的检测项目，又增加了汽车动力性、经济性、可靠性等内容，同时还加入了一些诊断功能，如发动机故障诊断、前轮定位故障诊断等。

2）汽车综合性能检测站的工艺布局

汽车综合性能检测站的功能包括汽车的安全环保、动力性、经济性和可靠性等检测，其工艺设计布局通常可分为双线综合式、单线综合式和工位综合式 3 种。

双线综合式——安全环保检测项目设计布置为一条线，其动力性、经济性、可靠性检测项目设计布置成另一条线。两条并列的检测线工艺布局特点是：安全环保项目检测可单独进入一条线检测。采用这种布局所检项目比较单一，工位停留时较短，各工位的连接及工艺节拍性好，有较好的工艺调整和组合能力。

单线综合式——综合性能检测的所有项目及设备均布局在一条直线的各个工位上，各个工位检测项目与设备布局的组合是多种形式的。单线综合式因检测项目的不同或设备功能的不同，而使工位停留时间长短不一，这是单线综合式工艺布局的一大困难。

工位综合式——把各检测项目及设备按几个组合工位进行排列的工艺布局方式。例如：分为检测和诊断两大部分进行工艺布置。在大型综合性能检测站的工艺布局中，也有按车间布置综合式的方案，即安全环保检测车间、动力性经济性检测车间、可靠性检测车间等。这种按检测项目划分检测车间可并行排列，也可以 U 形排列布局。

汽车综合性能检测站的工艺布局与检测站规模大小、检测设备的功能多少等因素有直接关系，在实际工作中可根据具体要求进行布局。在检测工艺设备平面布置设计上注意以下 3 点。

一是尽可能采用直通、顺序检测方式。车辆排放检测在车间入口，排污较大的检测项目靠近大门，并在主风向的下风位，减少车间内部污染。前照灯检测布置在车间中央，避免因阳光照射引起检测误差。

二是应考虑每个工位的检测的等时性，即各工位检测时间大体上相等，后面工位比前面工位检测的时间短一些，以保证线上检测车辆顺畅。

三是在空间布置上要合理，保证绝大部分车型占地面积少，不会发生空间上的干涉。

总之，任何一种工艺布局，都应遵循合理、科学、适用的原则，从而达到满足汽车综合性能检测工作的需要。

3）汽车综合性能检测站的工位设置

为提高检测线的工作效率，全自动汽车检测线可将所有检测项目分为3~5个工位。每个工位可以同时有一辆车被检，检测的时间应接近。检测顺序和工位布置设计时应考虑以全线综合效率最高，所需人员最少，以及对现场的污染最小为原则。

图1-1是典型汽车综合性能检测站的平面布置图，该检测站有两条检测线，安全线选用3工位，排列布局如下。

第一工位：汽车外观、速度表、废气。

第二工位：称重、制动、踏板力。

第三工位：灯光、声级、侧滑。

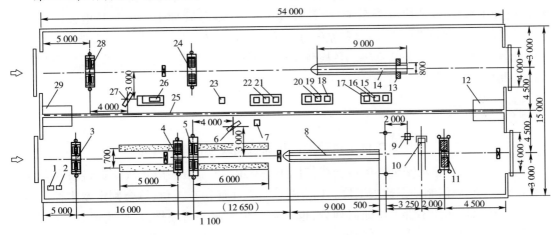

图1-1 典型汽车综合性能检测线的平面布置图（单位：mm）

1-废气分析仪;2-烟度计;3-速度表检测台;4-称重台;5-制动试验台;6-踏板力计;7-侧滑检验台;8-地沟;9-声级计;10-灯光仪;11-测滑检验台;12-主控室;13-底盘间隙检查仪;14-地沟;15-转向力测量仪;16-车轮定位仪;17-传动系游隙测量仪;18-油质分析仪;19-不解体探伤仪;20-车轮动平衡机;21-汽缸漏气量测量仪;22-曲轴箱串气量;23-发动机综合分析仪;24-转角仪;25-电缆沟;26-油耗计;27-仪表;28-底盘测功机;29-登录室

综合检测线在安全检测线上增加了3个工位。

第四工位：底盘测功仪、油耗仪。

第五工位：发动机电脑分析仪。

第六工位：前轮转角、前轮定位。

这种工位布置兼顾了时间、空间和环保的最佳要求，保证了检测线的最高效率，用户还可以自行调节检测节拍。

4）汽车检测站的计算机应用概述

计算机应用技术在全自动汽车检测站管理中的作用已是众所周知。将计算机技术应用于汽车检测，称为全自动汽车检测系统，又称为计算机管理系统。它由硬件和软件两部分组成，硬件部分由计算机和辅助设备组成，计算机又因使用功能不同可分为申报机、工位测控机、主控机等。辅助设备有显示屏、稳压电源、程序提示显示器、光电开关、模拟转换等设备。软件部分则有检测程序，数据采集程序，数据库、打印、存储、检索程序，设备标定程序，检测标准设备及判定程序，系统自检及诊断程序等。系统软件功能还可根据具体需要而增加，例如互联网及通信软件等。

计算机控制系统的控制方式一般有集中式和分级式等控制方式。

集中式除登录资料由一台计算机(单板机)完成外,全线的检测流程、数据采集、处理、判定、显示、打印、存储等均由一台主控计算机来完成。这种方式的优点是结构简单、价格低。缺点是主控计算机负担重、可靠性差、发生故障时易造成全线停工。

分级式一般采用二级分布方式。一级为测控工位控制,各工位分布有工位计算机来完成本工位的控制、数据采集处理和通信等任务;二级具有排列检测程序,全线调度、汇总综合判定、打印结果和存储管理数据库等管理。

20世纪90年代中期,计算机网络技术又逐步应用到汽车性能检测站中,各检测站陆续装备了"汽车综合性能检测站计算机测控、管理网络系统"。该系统包括登录子系统、测控子系统、监控子系统、性能检测子系统、业务管理子系统、财务管理子系统及其他辅助子系统等。运用现代通信网络技术,将这些系统连接成一个局域网,用于实现汽车综合性能检测站的全自动检测、管理、财务结算等。各检测站可根据自己的规模、经济成本等条件,合理地选择计算机测控、管理方式。

三、任务实施

使用5工位全自动安全环保检测线进行车辆年检

国产5工位全自动安全环保检测线如图1-2所示。5工位一般是汽车资料输入及安全装置检查工位、侧滑制动车速表工位、灯光尾气工位、车底检查工位、综合判定及主控制室工位。安全环保检测线不管工位如何划分,也不管工位顺序如何编排,其检测项目是固定的,因而均布置成直线通道式,以利于进行流水作业。

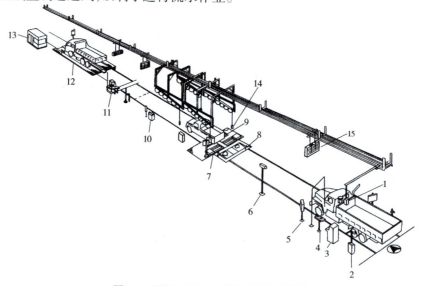

图1-2 国产5工位全自动安全环保检测线

1-进线指示灯;2-烟度计;3-汽车资料登录计算机;4-安全装置检查不合格项目输入键盘;5-烟度计检验程序指示器;6-电视摄像机;7-制动试验台;8-侧滑试验台;9-车速表试验台;10-废气分析仪;11-前照灯检测仪;12-车底检查工位;13-主控制室;14-车速表检测申报开关;15-检验程序指示器

检测流程,即某一汽车接受检测的全过程,以目前国内大多数检测站所采用的设备(图1-2)检测线布置为例进行说明。检测方法所依据的标准是目前通用的《机动车运行安全技术条件》(GB 7258—2012)。应该指出,国内有些检测站采用了平板式制动试验台取代图中滚筒式制动试验台,或依据其他标准进行检测,其检测过程和方法都可能与此不同。

1. 受检车辆上线前的准备

(1)确认工控机都已打开,并且连接正常。

(2)登录程序打开控制界面。

(3)填写车辆数据,如图1-3所示。

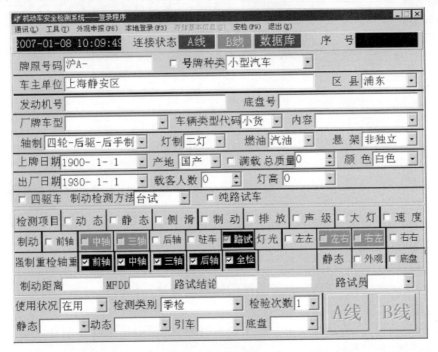

图1-3 车辆数据表

(4)检查无误发送数据。

2. 汽车检测流程

1)第一工位——安全装置检查工位

受检车辆根据LED工位指示器提示,驶入第一工位进行汽车上部的灯光和安全装置的外观检查(Lamps and Safety Device Inspection),可简称为L工位。检查内容见表1-1。

车上部外观检查项目　　　　　　　　　　　　　　　表1-1

序　号	检查项目	序　号	检查项目
1	远光灯	6	示宽灯、辅助灯、标志灯
2	近光灯	7	室内灯
3	制动灯	8	车厢、座位
4	倒车灯	9	车门、车窗
5	牌照灯	10	车身、漆面

续上表

序　号	检查项目	序　号	检查项目
11	后视镜、下视镜、侧视镜	21	挡泥板
12	风窗玻璃	22	防护网及连接装置
13	刮水器	23	电器导线
14	喇叭	24	起动机
15	轮胎、轮胎螺栓	25	发电机、蓄电池
16	离合器、变速器	26	灭火器
17	制动踏板自由行程	27	仪表、仪表灯
18	转向器自由转动量	28	机油压力报警器
19	驻车制动操纵杆	29	半轴螺栓
20	油箱、加油口盖	30	座椅安全带

2）第二工位——侧滑制动车速表工位

第一工位检查完毕后，根据 LED 工位指示器提示，受检车辆驶入第二工位进行侧滑制动车速表检测。本工位由侧滑检测（Alignment Inspection）、轴重检测（Weight Inspection）、制动检测（Brake Test）和车速表检测（Speedmeter Test）组成，简称 ABS 工位。

受检车进入第二工位后，若是一般后驱动，后驻车制动（驻车制动作用在后轮）的车，按以下程序进行。

（1）侧滑检测。让汽车低速驶过侧滑试验台，此时不可转动转向盘。通过后，第二指示器即可显示侧滑检测结果。

（2）将前轮驶上轴重仪测量前轴重，将前轮驶上制动试验台测量前轴制动力。按工位指示器的提示，将制动踏板踩到底，即可测得前轴制动效果。此时指示器会显示出检测结果，若结果不合格，允许重测一次。

（3）后制动检测时，将后轮驶上制动试验台，按指示器的提示踩住制动踏板。指示器会显示后制动结果，若不合格，允许重测一次。

（4）测量驻车制动方法与测量前、后轮制动相同。可按指示器的提示拉住驻车制动操纵杆。若不合格，允许重测一次。

（5）车速表校验时，将后轮驶上车速表试验台，驾驶人手持测试按钮，轻踩加速踏板，当车速表指示 40km/h 时按下测试按钮。指示器可显示检测结果，若不合格，允许重测一次。测完后松开加速踏板，使车轮停转。

（6）喇叭音量或噪声测试时，按提示要求按喇叭约 2s，或按要求测量车内噪声。测完后，指示器会显示检测结果。

注意：检测顺序与驱动轮的位置和驻车制动器安装位置有关。处理的原则是测完前轮的项目之后，再测后轮的项目，以免车辆倒退。

3）第三工位——灯光尾气工位

本工位主要由前照灯检测（Head Light Test）、排气检测（Exhaust Gas Test）、烟度检测（Diesel Smoke Test）和喇叭声级检测（Noise Test）组成，简称 HX 工位。

受检车进入该工位后，按以下步骤操作。

(1)将汽车停在与前照灯检测仪一定距离处(3m),面向正前方,前照灯仪会自动驶入,分别测量左右灯远光的发光强度和照射方向。检测结果会在工位指示器上显示。

(2)按指示器要求检测废气或烟度。测废气时,令发动机处于怠速状态,将探头插入排气管,几秒之后指示器即显示检测结果。测烟度时,应在发动机怠速状态下,将加速踏板迅速踩到底,几秒之后指示器也会显示检测结果。烟度检测要求测3次,取平均值。

此时若第四工位无车,指示器会提示,令受检车进入第四工位。

4)第四工位——车底检查工位

车底检查(Pit Inspection)工位,简称为P工位,见表1-2。此工位以人工方式检查车底情况,如部件连接是否牢固,有无变形、断裂、水、电、油、气有无泄漏等。检测人员通过对讲机或自制的按钮板等设备,将结果送至主控计算机。

车底检查项目　　　　　　　　　表1-2

序 号	检查项目	序 号	检查项目
1	发动机及其连接	16	油路、气路、电路
2	车架	17	储气筒
3	前梁	18	传动轴、万向节、伸缩节
4	转向器的转向轴及其万向节	19	中间支撑
5	转向器支架	20	离合器及操纵机构
6	转向垂臂	21	变速器
7	转向器	22	主传动器
8	转向主销及其轴承	23	减振器
9	纵横拉杆	24	钢板弹簧夹及U形螺栓
10	前悬架连接	25	排气管及消声器
11	前吊耳销	26	制动系拉杆、驻车制动器
12	后悬架连接	27	后桥壳
13	后吊耳销	28	缓冲器、保险杠、牵引钩
14	各部杆系	29	漏油、漏水、漏气、漏电
15	各种软管	30	油箱、蓄电池等的固定

5)综合判定及主控制室工位

汽车到达本工位时检测项目已全部检测完毕,主控制计算机对各工位检测结果进行综合判定后,由打印机集中打印检测结果报告单,并由检测长送给被检车汽车驾驶人。检测清单的样式见表1-3。

重要提示:《中华人民共和国道路交通安全法》规定,上道路行驶的机动车未放置有效检验合格标志的,公安机关交通管理部门将扣留机动车并处以罚款。检验合格后请及时到公安机关交通管理部门办理相关手续并领取检验合格标志,有不合格建议维护项时,请及时调修车辆。

机动车安全技术检验报告(正面)　　　　　　表1-3

代号：×××　　检验日期：××××××　　检验流水号：×××　　资格许可证号：××××

号牌(自编)号				所有人							
号牌种类				车辆类型				品牌/型号			
VIN(出厂编号)				发动机号				燃料类别			
驱动类型				驻车轴				转向轴悬架形式			
前照灯制				前照灯远光光束能否单独调整							
初次登记日期				出厂年月				里程表读数			
检测类别				检验项目				登录员		引车员	

代号	台试检测项目		轮(轴)荷(kg)		最大制动力(10N)		过程差最大差值点(10N)		制动率(%)	不平衡率(%)	阻滞率(%)		项目判定	单项次数
			左	右	左	右	左	右			左	右		
B	制动	1轴												
		2轴												
		3轴												
		4轴												
		驻车												
		整车												
	动态轮荷(左/右)(kg)		1轴　　/		2轴　　/		3轴　　/			4轴　　/				

	项目	远光发光强度(cd)	远光偏移		近光偏移		灯中心高(mm)
			垂直(mm/10m)	水平(mm/10m)	垂直(mm/10m)	水平(mm/10m)	
H	左外灯						
前照灯	左内灯						
	右内灯						
	右外灯						

X	排放	高急速	CO(%)	HC(10⁻⁶)	λ	急速	CO(%)	HC(10⁻⁶)
		排气烟度	1)	2)	3)	平均值		

S	车速表	km/h
A	侧滑	m/km
路试制动性能		路试检验员

	人工检验项目	不合格否决项(打编号)	不合格建议维护项(打编号)	检验员
1	车辆外观检查			
2	底盘动态检验			
3	车辆底盘检查			

一、判断题

(1)汽车的安全环保检测是由交通部门主管的,其检测的主要目的是检查车辆是否符合《机动车运行安全技术条件》(GB 7258—2012)。　　　　　　　　　　　　　(　　)

(2)汽车综合性能检测只是在汽车安全环保检测的基础上增加了动力性、经济性和可靠性检测的内容,其主要目的是检测车辆性能用于维修和制造的需要等。（　　）

(3)单线综合式检测线比双线综合式检测线更容易组织管理和协调各工位的流程。（　　）

(4)为保证检测车辆畅通,检测线下一工位通常比上一工位所用的时间长一些。（　　）

二、选择题

(1)我国汽车综合性能检测的发展方向是(　　)。
  A.检测技术基础规范化　　　　B.检测设备智能化
  C.检测管理网络化　　　　　　D.检测工艺组织单线化

(2)下列必须按原交通部有关单位发布的专用计量器具进行操作的仪器有(　　)。
  A.汽车底盘测功机　　　　　　B.汽车发动机检测仪
  C.车轮动平衡机　　　　　　　D.汽车排放气体测试仪

(3)汽车排放检测应布置在检测站(　　)位置。
  A.出口　　　B.入口　　　C.中间　　　D.下风位

三、问答题

(1)国家标准《机动车运行安全技术条件》(GB 7258—2012)规定的安全环保检测的项目主要有哪些?

(2)安全环保检测站由什么部门管理?检测结果对车辆行驶有何影响?

(3)简述汽车检测站的类型及主要职能。

(4)比较汽车综合性能检测站不同工艺布局的特点。

项目 2 汽车动力性认知

学习任务 1　汽车动力性理论分析

学习目标

1. 能说出汽车动力性评价指标；
2. 掌握汽车行驶过程中的受力情况；
3. 理解汽车行驶的驱动条件；
4. 能看懂汽车驱动力-行驶阻力平衡图、动力特性图及功率平衡图；
5. 会分析汽车动力性的主要影响因素。

一、任务分析

汽车是一种高效率的运输工具，运输效率的高低，在很大程度上取决于汽车的动力性。所以，动力性是汽车各种性能中最基本、最重要的性能。动力性代表了汽车行驶可发挥的极限能力。哪些指标反映其动力性？如何分析汽车动力性？影响汽车动力性的主要因素有哪些？本学习任务将围绕上述问题介绍汽车动力性相关的理论知识。

二、相关知识

1. 汽车动力性的评价指标

汽车的动力性是指汽车能够达到的最高行驶车速、加速和爬坡能力。不同动力性的汽车在相同的路况和外界环境下所能达到的最大平均行驶速度是不同的，汽车平均行驶速度的提高，会直接提高汽车的运输效率，因此，汽车的动力性是汽车各种性能中最基本和最重要的性能。汽车的平均行驶速度是汽车动力性的总指标，从尽可能获得高的平均行驶速度的观点出发，汽车的动力性主要由 3 个方面的指标来评定，即最高车速、加速性能和上坡能力。

1）汽车的最高车速

最高车速是指汽车以额定最大总质量，在风速≤3m/s 的条件下，在干燥、清洁、平直的良好路面（混凝土或沥青）上所能达到的最高稳定行驶速度 $v_{a,max}$，它对于长途运输车辆的平均行驶速度的影响最大。

2）汽车的加速性能

汽车的加速性能是指汽车在各种使用条件下迅速增加行驶速度的能力。它对于市区运输车辆的平均行驶速度有很大影响,特别是小客车对加速能力尤其重视。加速性能在理论上用加速度 g 来评定,而在实际试验中通常用汽车加速时间来评价。

加速时间是指汽车以额定最大总质量,在风速≤3m/s 的条件下,在干燥、清洁、平直良好路面(混凝土或沥青)上由某一低速加速到某一高速所需的时间。常用原地起步加速时间和超车加速时间来表明汽车的加速能力。

原地起步加速时间指汽车由 1 挡或 2 挡起步,并以最大的加速强度(包括选择恰当的换挡时间)逐步换至最高挡后到某一预定的距离或车速所需的时间。

超车加速时间指用最高挡或次高挡由某一低车速全力加速到某一高速所需的时间。因为,超车时汽车与被超车辆并行,容易发生安全事故,所以超车加速能力强,并行距离短,行驶就安全。

3) 汽车的上坡能力

汽车的上坡能力对于在山区行驶车辆的平均行驶速度有很大的影响,通常用最大爬坡度来表示。最大爬坡度 i_{max} 是指汽车满载时用变速器最低挡位在风速≤3m/s 的条件下,在干燥、清洁良好路面(混凝土或沥青)上等速行驶所能克服的最大道路纵向坡度。在坡度不长的道路上,利用汽车加速惯性能通过的坡度称为极限坡度。在各种车辆中,越野车的 i_{max} 最大,货车次之,小客车一般不强调爬坡度。

2. 汽车的驱动力

汽车发动机产生的转矩 M_e,经过汽车传动系传到驱动轮上,此时作用在驱动轮上的转矩 M_t 便产生一个对地面向后的圆周力 F_0。根据作用力与反作用力原理,地面对驱动轮产生一个向前的反作用力 F_t,F_t 即为驱动汽车的外力,称为汽车的驱动力,如图 2-1 所示,其大小为

$$F_t = \frac{M_t}{r} \quad (2-1)$$

式中:M_t——作用于驱动轮上的转矩,N·m;
　　　r——车轮半径,m。

3. 汽车的行驶阻力

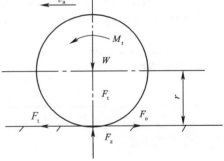

图 2-1　汽车的驱动力

汽车在水平道路上等速行驶时必须克服来自地面的滚动阻力 F_f 和来自空气的空气阻力 F_w;当汽车在坡道上上坡行驶时,还必须克服重力沿坡道的分力,称为上坡阻力 F_i。汽车加速行驶时还需要克服其惯性力,称为加速阻力 F_j。因此汽车行驶的总阻力为

$$\sum F = F_f + F_w + F_i + F_j \quad (2-2)$$

$$F_f = G \cdot f \quad (2-3)$$

$$F_w = \frac{C_D A v_a^2}{21.15} \quad (2-4)$$

上述诸阻力中滚动阻力和空气阻力是在任何行驶条件下均存在的。上坡阻力和加速阻力仅在一定行驶条件下存在。在水平道路上等速行驶时就没有加速阻力和上坡阻力。

1)滚动阻力

滚动阻力是当车轮在路面上滚动时,两者之间相互作用力以及相应的轮胎和支承面变形所产生的能量损失的总称。它包括:道路塑性变形损失;轮胎弹性迟滞损失;其他损失,如轴承、油封损失、悬架零件间摩擦和减振器内损失等。

2)空气阻力

汽车在空气介质中行驶时受到的空气作用力在行驶方向上的分力,称为空气阻力。

(1)空气阻力的组成。空气阻力包括摩擦阻力和压力阻力两大部分。

摩擦阻力是由于空气的黏性在车身表面产生的切向力的合力在行驶方向的分力。摩擦阻力与车身表面粗糙度及表面积有关。

压力阻力是作用在汽车外形表面上的法向压力的合力在行驶方向上的分力。它包括下列4部分。

①形状阻力:汽车行驶时,空气流经车身,在汽车前方空气相对被压缩,压力升高,车身尾部和圆角处空气压力较低,形成涡流,引起负压。由于汽车前后部压力差所引起的阻力称为形状阻力。形状阻力的大小与车身主体形状有很大关系,例如车头、车尾的形状及风窗玻璃的倾角等。

②干扰阻力:凸出于车身表面的部分所引起的空气阻力,如门把手、后视镜、翼子板、悬架导向杆、驱动轴等。

③诱导阻力:汽车上下部压力差(即升力)在水平方向的分力。

④内循环阻力:发动机冷却系、车身内通风等需空气流经车体内部时形成的阻力。

以上5种阻力的合力在汽车行驶方向上的分力即为空气阻力。以小客车为例,这几部分阻力所占比例见表2-1。

空气阻力组成　　　　表2-1

组成	摩擦阻力	形状阻力	干扰阻力	诱导阻力	内循环阻力
比例(%)	8～10	55～60	12～18	5～8	10～15

(2)空气阻力的计算。在汽车行驶速度范围内,根据空气动力学原理,空气阻力的数值通常由下式确定:

$$F_w = \frac{1}{2}C_D A \rho v_r^2 \tag{2-5}$$

式中:C_D——空气阻力系数,主要取决于车身形状;

A——汽车迎风面积,m^2;

ρ——空气密度,$\rho = 1.2258 kg/m^3$;

v_r——汽车与空气在相对速度。

(3)空气阻力系数 C_D。C_D 值的大小与汽车外形关系极大,因此,要求汽车外形的流线型好。C_D 值可通过风洞试验测定。根据现代空气动力学的原理,小客车车身常采用下列方法降低 C_D 值,如图2-2所示。

①整车:在汽车侧视图上,它应前低后高,使车身呈1°～2°的负迎角。这样可减少流入车底的空气量,使 C_D 值下降,并可减少升力。在俯视图上,车身两侧应为腰鼓形,前端呈半

圆状,后端有些收缩。

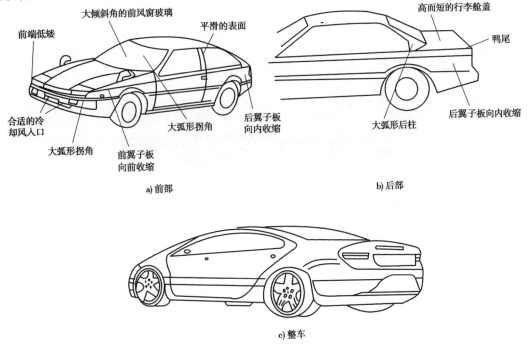

图 2-2 小客车车身常采用降低 C_D 值方法

② 车身前部:发动机罩向前下方倾斜,面与面的交接处为大圆弧的圆柱面;风窗玻璃为圆弧状,尽可能躺平且与中部拱起的车顶盖圆滑过渡。前窗与水平线夹角为30°左右时,C_D 值最低;前后玻璃支柱应圆滑,窗框高出玻璃面的程度应尽可能小;用埋入式前照灯、示宽灯、刮水器和门把,灯的玻璃罩与车头车尾组成圆滑的整体;后视镜等凸出物的形状应接近流线型;拱形保险杠与车头连成连续圆滑的整体;在保险杠之下的车头处,安装适当长度的向前或前下方伸出的阻流板,虽然它本身产生一定的阻力,但它能抑制车头处较大涡流的产生。

③ 车身后部:在汽车侧视图上,后窗玻璃与水平线呈25°夹角以下的称为快背式车身;呈25°~50°夹角的称为舱背式车身。最好采用快背式或舱背式车身,在其后端装有凸起的扰流板,它具有阻滞作用,使流过车身上表面气流的速度降低,从而降低了垂直于后窗表面的负压力的绝对值,使空气阻力减小。在外观上有行李舱的称为折背式车身,它的后窗玻璃与水平线尽可能呈30°角,并采用短而高的行李舱。

④ 车身底部:所有零部件在车身下应尽量齐平,最好有平滑的底板盖住底部。盖板从车身中部或从车轮以后上翘约为6°角,这样可顺利地引导车身下的气流流向尾部,减少在车尾后形成的涡流,使 C_D 值下降。

⑤ 发动机冷却进风系统:恰当地选择进出风口位置、尺寸和形状,很好地设计通风道,在保证冷却效果的前提下,尽量减少气流内循环阻力。

随着汽车的速度不断提高,汽车的 C_D 值在不断地降低,如奥迪100-Ⅲ型汽车在Ⅱ型基础上采用优化措施,使 C_D 值由原来的0.42降至0.30。预计在不久的将来,实际作用的小客随着高速公路的发展,货车的外形设计也采用了减少 C_D 值的方法。驾驶室顶盖、风窗玻璃及前脸在侧视图上具有大的圆弧,特别是整个驾驶室装有导流板装置,可大幅度减少 C_D 值。试验表明,半挂车采用图2-3所示的附加装置,可使 C_D 值减少30%。

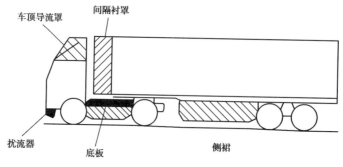

图2-3 半挂车减少空气阻力的附加装置

3)上坡阻力

当汽车上坡行驶时,汽车重力在平行于路面方向的分力,称为汽车的上坡阻力,用 F_i 表示,如图2-4所示。

4)加速阻力

汽车加速行驶时,需要克服其加速运动时的惯性力,就是加速阻力 F_j。为便于计算,通常把汽车的质量分为平移质量和旋转质量两部分。加速时不仅平移的质量产生惯性力,旋转的质量还要产生惯性力偶矩。

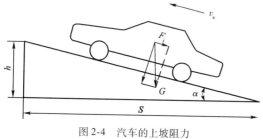

图2-4 汽车的上坡阻力

4. 汽车行驶的驱动条件

汽车必须有一定的驱动力,以克服各种行驶阻力,才能正常行驶。表示汽车驱动力与行驶阻力之间关系的等式,称为汽车的驱动力平衡方程,即汽车的行驶方程式

$$F_t = F_f + F_w + F_i + F_j \tag{2-6}$$

式(2-6)说明了汽车行驶中驱动力与各行驶阻力的平衡关系,其平衡关系不同,则汽车的运动状态不同。

若 $F_t > F_f + F_w + F_i$,汽车将加速行驶;

若 $F_t = F_f + F_w + F_i$,汽车将等速行驶;

若 $F_t < F_f + F_w + F_i$,汽车将无法起步或减速行驶直至停车。

所以汽车行驶的第一个条件为

$$F_t \geq F_f + F_w + F_i \tag{2-7}$$

式(2-7)被称为汽车的驱动条件,但还不是汽车行驶的充分条件。

5. 汽车行驶的附着条件

从以上分析可知,要提高汽车的动力性,可以采用增加发动机转矩、加大传动系传动比等措施以增大汽车的驱动力来实现。但是这些措施只有在驱动轮与路面不发生滑转现象时才有效。如果驱动轮在路面滑转,则增大驱动力只会使驱动轮加速旋转,地面切向反作用力并不会增加,汽车仍不能行驶。这种现象说明地面作用在驱动轮上的切向反作用力受地面接触强度的限制,并不能随意加大,即汽车行驶除受驱动条件制约外,还受轮胎与地面附着条件的限制。

地面对轮胎切向反作用力的极限值称为附着力,记作 F_φ。在硬路面上附着力取决于轮胎与路面间的相互摩擦,它与驱动轮法向作用力 F_z 成正比,常写成

$$F_\varphi = F_z \varphi \tag{2-8}$$

φ 称为附着系数,它是由轮胎和路面的结构特性决定的,表示轮胎与路面的接触强度。在硬路面上,附着系数 φ 反映了轮胎与路面的摩擦作用。当轮胎与路面接触时,路面的坚硬微小凸起能嵌入变形的轮胎中,增加了轮胎与路面的接触强度,对轮胎滑转有一定的阻碍作用。

在松软路面上,附着系数值,不仅取决于轮胎与土壤间的摩擦作用,同时还取决于土壤的抗剪切强度。因为只有当嵌入轮胎花纹沟槽的土壤被剪切脱开基层时,轮胎在接地面积内才产生相对滑动,车轮发生相对滑转。

显而易见,地面切向反作用力不能大于附着力,否则会发生驱动轮滑转,汽车将不能行驶。即

$$F_t \leq F_\varphi = F_z \varphi \tag{2-9}$$

式中:F_z——地面作用在所有驱动轮上的法向反作用力。

此即为汽车行驶的第二个条件——附着条件。将汽车的驱动条件与附着条件联立,则得

$$F_f + F_w + F_i \leq F_t \leq F_z \varphi \tag{2-10}$$

这就是汽车行驶的必要与充分条件,称为汽车行驶的驱动—附着条件。

6. 汽车的附着力

汽车的附着力取决于附着系数以及地面作用于驱动轮的法向反作用力 F_z。

1)附着系数

附着系数主要取决于路面的种类与状况、轮胎的结构和气压以及其他一些使用因素。

(1)路面种类与状况。坚硬路面的附着系数较大,路面的坚硬微小凸起部分嵌入轮胎的接触面,使接触强度增大。因长期使用已经磨损和风化的路面附着系数会降低。气温升高时,路面硬度下降,附着系数也会下降。路面被细砂、尘土、油污等覆盖时,都会使附着系数下降。

松软土壤的抗剪切强度较低,其附着系数较小。潮湿、泥泞的土路,土壤表层因吸水量多,抗剪切强度更差,附着系数下降很多,是汽车越野行驶困难的原因之一。

路面的结构对排水能力也有很大影响。路面的宏观结构应具有一定的平面度而且有自动排水的能力;路面的微观结构应是粗糙而且有一定的尖锐棱角,以穿透水膜直接与胎面接触。

(2)轮胎的结构与气压。轮胎花纹对 φ 值影响也较大。具有细而浅花纹的轮胎在硬路面上有较好的附着力;具有宽而深的花纹的轮胎,在软路面上,使附着力有所提高。增加胎面的纵向花纹,在干燥的硬路面上,由于接触面积减小,附着系数值有所下降;但在潮湿的路面上有利于挤出接触面中的水分,改善附着力。

为了提高轮胎的"抓地"能力,现在的轮胎胎面上常有纵向的曲折大沟槽,胎面边缘上有

横向沟槽,使轮胎在纵向、横向均有较好的"抓地"能力,又提高了在潮湿地面上的排水能力。宽断面和子午线轮胎由于与地面的接触面积增大,附着系数值较高。

轮胎的磨损会使胎面花纹深度减小,附着系数值将显著下降。

降低轮胎气压,可使硬路面上附着系数值略有增加,所以采用低压胎可获得较好的附着性能。在松软的路面上,降低轮胎气压,则轮胎与土壤的接触面积增加,胎面凸起部分嵌入土壤的数目也增多,因而附着系数显著提高。如果同时增加车轮轮辆的宽度,则效果更好。对于潮湿的路面,适当提高轮胎气压,使轮胎与路面的接触面积减小,有助于挤出接触面间的水分,使轮胎得以与路面较坚实的部分接触,因而可提高附着系数。

(3)行车速度。汽车行驶速度提高时,多数情况下附着系数是降低的。这对于汽车的高速制动尤为不利。在硬路面上提高行驶速度时,由于路面微观凹凸构造来不及与胎面完善地嵌合,所以附着系数有所降低。在潮湿的路面上提高行驶速度时,由于接触面间的水分来不及排出,所以附着系数显著降低。在软土壤上,由于高速车轮的动力作用容易破坏土壤的结构,所以提高行驶速度对附着系数产生极不利的影响。只有在结冰的路面上,车速高时,与轮胎接触的冰层受压时间短,因而在接触面间不容易形成水膜,故附着系数略有提高。但要特别注意,在冰路上提高行驶速度会使行驶稳定性变坏。

(4)车轮相对于地面的滑转率。图 2-5 是驱动轮纵向附着系数与其滑转率的关系图。

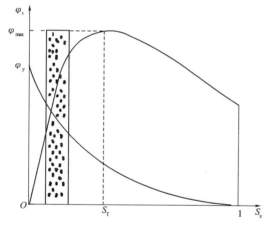

图 2-5 纵向附着系数和侧向附着系数与滑转率的关系

从图中可以看到,当驱动轮滑转率 S_x 从 0 开始增加时,纵向附着系数 φ_x 也随之增加,当 S_x 达到 S_T(一般是 0.08~0.30)时,纵向附着系数达到最大值 $\varphi_{x,max}$,此后,如果 S_x 继续增加,纵向附着系数 φ_x 反而随之下降,当 S_x 达到 1 时,即车轮发生纯滑转时,其纵向附着系数要远远小于 $\varphi_{x,max}$,所以从动力性上考虑,驱动轮的滑转率最好处于 S_T 的一个小邻域内,但同时考虑到车辆侧向附着系数随纵向滑转率的增大而急剧减小,所以从侧向附着系数上考虑,并注意到车辆的方向稳定性,一般认为驱动轮的最佳滑转率在小于 S_T 的范围内,可取 0.08~0.15。

汽车驱动防滑控制系统(Anti-Slip Regulation,ASR)或称汽车牵引力控制系统(Traction System,TCS)就是通过控制车轮的滑转率从而提高汽车的驱动力和车辆的方向稳定性。

综上所述,附着系数受一系列因素的影响。在一般动力性计算中只用附着系数的平均值。在良好的混凝土或沥青路面上,路面干燥时附着系数 φ 值为 0.7~0.8;路面潮湿时 φ 值为 0.5~0.6;干燥的碎石路 φ 值为 0.6~0.7;干燥的土路 φ 值为 0.5~0.6;潮湿土路 φ 值为 0.2~0.4。

2)车轮的地面法向反作用力

附着力与地面对车轮的法向反作用力成正比,而驱动轮的地面反作用力与汽车的总体布置、行驶状况及道路坡度有关。图 2-6 为汽车加速上坡时的受力图。

项目2　汽车动力性认知

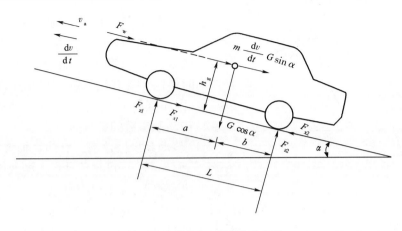

图 2-6　汽车加速上坡时的受力图

图中，G 为汽车重力；h_g 为汽车质心高度；F_{z1}、F_{z2} 为作用在前、后轮上的地面法向反作用力；F_{x1}、F_{x2} 为作用前、后轮上的地面切向反作用力；L 为汽车轴距；a、b 为汽车质心至前、后轴的距离。

若将作用在汽车上诸力对前、后轮与道路接触中心取力矩（将质心与空气阻力中心近似看作重合），则得

$$F_{z1} = \frac{Gb - (F_i + F_j + F_w)h_g}{L} \tag{2-11}$$

$$F_i = F_t - (F_f + F_w) \tag{2-12}$$

式（2-12）第一项为汽车在水平路面上静止时前、后轴上的静荷载，第二项为行驶中产生的动荷载。当汽车上坡或加速时，前轮荷载减小，而后轮荷载增加；汽车下坡或减速时，荷载变化与此相反。

由此可见，在一定附着系数的路面上，不同驱动方式的汽车具有不同的汽车附着力。后轮驱动的汽车在上坡和加速时，其驱动轮的法向反作用力大，驱动轮的附着力大，能得到的驱动力大，其加速能力和上坡能力好。

只有四轮驱动汽车才有可能充分利用整部汽车的重力来产生汽车附着力。当四轮驱动汽车前、后驱动轮的附着力分配刚好等于其前、后轮法向反作用力的分配时，得到的附着力最大。

7. 影响汽车动力性的主要因素

从对汽车行驶方程式的分析中知道，汽车的动力性与汽车结构参数和使用条件密切相关。下面讨论结构因素对汽车动力性的影响。

1）发动机参数的影响

发动机功率越大，汽车的动力性越好。设计中发动机最大功率的选择必须保证汽车预期的最高车速。

最高车速越高，要求的发动机功率越大，其后备功率也越大，加速爬坡能力必然较好。但发动机功率不宜过大，否则在常用条件下，发动机负荷过低，燃料消耗增加。

单位汽车质量所具有的发动机功率称为比功率或功率利用系数。

发动机外特性曲线形状对动力性也有较大的影响。图2-7为两台发动机的外特性曲

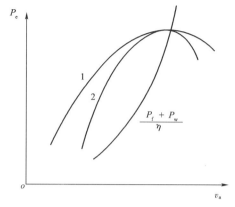

图2-7 外特性曲线形状不同的汽车动力平衡图

线。但其最大功率与其相对应的转速相等。由图2-7可见,外特性曲线1的后备功率较大,使汽车具有较大的加速能力和上坡能力,因而动力性能较好。同时使汽车具有较低的临界车速,换挡次数可以减少,因而有利于提高汽车的平均行驶速度。

2)传动系参数的影响

(1)传动系机械效率。传动系损失功率可表示为$P_T = P_e(1-\eta_T)$,可见传动系机械效率越高,传动系损失功率越小,发动机有效功率更多地转变为驱动功率,汽车动力性好。目前可在润滑油中加入减摩添加剂和选用黏度适当且受温度影响小的润滑油,对提高传动系统机械效率有明显效果。

(2)主减速器传动比。当变速器处于直接挡时,主减速器传动比将直接影响汽车的动力性。

图2-8表示其他条件相同而主减速器传动比不同的直接挡功率平衡图,只有当$i_0 = i_0''$时,汽车的最高车速$v_{a,max}$等于发动机最大功率相对应的车速,即$v_{a,max} = v_p$最高,此时得到$v_{a,max}$最大。其他条件不变,无论使主减速器传动比i_0增大还是减小,都使汽车的最高车速降低。

(3)变速器的挡数。变速器挡数增加,发动机在接近最大功率工况下的工作机会增加,发动机的平均功率利用率高,可得到的后备功率大。例如,在两挡变速器的一挡与直接挡之间增加两个挡位时,如图2-9所示,汽车的最高车速和最大爬坡度均不变。但在一定的速度范围,可利用的后备功率增大了(图中影线表示区域),有利于汽车的加速和上坡。

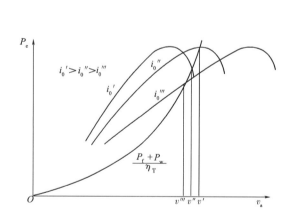

图2-8 主减速器传动比不同时的功率平衡图　　图2-9 变速器的挡数对汽车动力性的影响

(4)变速器传动比。变速器1挡传动比对汽车动力性影响最大。传动比越大,汽车的最大爬坡度越大。但必须满足附着条件,当1挡发出最大驱动力时,驱动轮不应产生滑转。

变速器各挡的传动比应按等比级数分配,这样,汽车在换挡加速过程中功率利用程度最高,加速时间最短。另外,减小空气阻力系数,减轻汽车的质量,选用滚动阻力系数小的轮胎,将使汽车的行驶阻力减小,都可以使汽车的动力性得到改善。

三、任务实施

已知一货车发动机的使用外特性数据见表2-2。

发动机的使用外特性数据　　　　　　　表2-2

发动机转速 n(r/min)	1000	1500	2000	2500	3000	3500	4000
发动机输出转矩(N·m)	147	169	174	173	169	163	146

发动机最低转速为600r/min;最高转速为4000r/min。汽车总质量为3880kg,车轮半径为0.367m,传动系效率 $\eta_T=0.85$,滚动阻力系数 $f=0.013$,空气阻力系数×迎风面积 $C_DA=2.77m^2$,主减速器传动比 $i_0=5.83$,变速器传动比:1挡为6.09,2挡为3.09,3挡为1.71,4挡为1.00。试绘制汽车驱动力与行驶阻力平衡图,并求出汽车最高车速和最大爬坡度。

学习测试

一、填空题

(1)汽车动力性的评价指标主要有_____、_____、_____。

(2)加速时间可分为_____、_____两种。

(3)汽车的_____是指汽车在良好路面上直线行驶时,由汽车的纵向外力决定的、所能达到的平均行驶速度。

(4)汽车的上坡能力用_____来表示。

(5)良好沥青路面上的滚动阻力系数要比碎石路面上的滚动阻力系数_____。(填"大"或"小")

二、判断题

(1)汽车的后备功率愈大,汽车的动力性愈好。　　　　　　　　　　　　(　　)

(2)现代胎面花纹的作用:一是提高轮胎的抓地能力,二是提高潮湿路面上的排水能力。
　　　　　　　　　　　　　　　　　　　　　　　　　　　　　　　　(　　)

(3)超车加速时间指用1挡或2挡,由某一预定车速开始,全力加速到某一高速所需的时间。　　　　　　　　　　　　　　　　　　　　　　　　　　　　　　(　　)

三、选择题

(1)汽车在平坦道路上加速行驶时不存在的阻力是(　　)。
　A.空气阻力　　　B.滚动阻力　　　C.加速阻力　　　D.坡道阻力

(2)由于空气的黏性在车身表面产生的切向力在行驶方向上的分力称为(　　)。
　A.摩擦阻力　　　B.形状阻力　　　C.干扰阻力　　　D.诱导阻力

(3)空气阻力的计算公式是(　　)。
　A. $F_w=C_DAv^2/21.15$　B. $F_w=C_Dv^2/21.15$　C. $F_w=Av^2/21.15$　D. $F_w=C_DAv^2$

四、问答题

(1)汽车行驶的充分必要条件是什么?

(2)汽车的驱动与附着条件是什么?写出其表达式。

(3)试分析影响汽车动力性的因素。

学习任务2 汽车动力性检测

1. 了解汽车制动性能道路和台架试验的方法;
2. 能使用底盘测功机进行相关的检测。

一、任务分析

对汽车动力性的检测有道路试验检测(简称路试)和室内台架试验检测(简称台试)两种方法。台架试验由于在室内进行,不受气候、驾驶技术等客观条件的影响,只受测试仪本身测试精度的影响,故测试条件易于控制,是汽车检测站主要采用的检测手段,台架试验的主要设备是汽车底盘测功机。而路试条件与车辆实际运行状况的条件相符,其结果更能真实地体现汽车的动力性。

二、相关知识

1. 汽车动力性检测项目

汽车动力性检测项目主要有:汽车加速性能检测、汽车最高车速检测、汽车滑行性能检测、发动机输出功率检测、汽车底盘输出功率检测。

2. 汽车动力性检测方法

汽车动力性检测方法可以分为台试与路试两种。

1)汽车动力性台架检测

汽车动力性台架试验的方式,主要是用无负荷测功仪检测发动机功率,底盘测功机检测汽车的最大输出功率、最高车速和加速能力。室内台架试验不受气候、驾驶技术等客观条件的影响,只受测试仪本身测试精度的影响,测试条件易于控制,所以汽车检测站广泛采用汽车动力性室内台架试验方式。

为了取得精确的测量结果,底盘测功机的生产厂家,应在说明书中给出该型底盘测功机在测试过程中本身随转速变化机械摩擦所消耗的功率,对风冷式测功机还需给出冷却风扇随转速变化所消耗的功率。另外,由于底盘测功机的结构不同,对汽车在滚筒上模拟道路行驶时的滚动阻力也不同,在说明书中还应给出不同尺寸的车轮在不同转速下的滚动阻力系数值。

(1)汽车底盘输出功率的检测方法。通过底盘测功机检测车辆的最大底盘驱动功率,用以评定车辆的技术状况等级。

①在动力性检测之前,必须按汽车底盘测功机说明书的规定进行试验前的准备。台架

举升器应处于升状态,无举升器者滚筒必须锁定;车轮轮胎表面不得夹有小石子或坚硬之物。

②汽车底盘测功机控制系统、道路模拟系统、引导系统、安全保障系统等必须工作正常。

③在动力性检测过程中,控制方式处于恒速控制,当车速达到设定车速(误差+2km/h)并稳定5s后(时间过短,检测结果重复性较差),计算机方可读取车速与驱动力数值,并计算汽车底盘输出功率。

④输出检测结果。

(2)发动机功率的检测方法。用发动机无外载检测仪检测发动机功率,使用方便,检测快捷,在规范操作的前提下,可对发动机动力性检测与管理提供有效依据。还可以用于同一发动机调试前后、维修前后的功率对比,因此也得到广泛使用。

①起动发动机并预热至正常状态,与此同时接通无负荷测功仪电源,连接传感器。

②按仪器使用说明书进行操作。

③从测功仪上读取(或计算)发动机的功率值。

(3)数据处理。

①目前底盘测功机显示的数值,有的是功率吸收装置的吸收功率的数值,有的则是驱动轮输出的最大底盘输出功率的数值。对于显示功率吸收装置所吸收功率数值的,在检测结果的数据处理时,必须增加滚动阻力所消耗的功率、台架机械阻力消耗的功率及风冷式功率吸收装置的风扇所消耗的功率,其计算式应为

汽车底盘最大输出功率 = 功率吸收装置所消耗的功率 + 滚动阻力所消耗的功率 + 台架机械阻力消耗的功率 + 风冷式功率吸收装置的风扇所消耗的功率

②检测发动机最大输出功率的数据处理。根据《营运车辆技术等级划分和评定要求》(JT/T 198—2004)的规定,所测发动机最大输出功率应与发动机的额定功率相比较。为此,发动机最大输出功率的计算式应为

发动机最大输出功率 P_{max} = 附件消耗功率 P_1 + 传动系消耗功率 P_2 + 底盘最大输出功率 DP_{max}

所以,在测得底盘最大输出功率之后,应增加传动系消耗功率 P_2 及附件消耗功率 P_1,才可确定发动机最大输出功率 P_{max},若该发动机额定功率为净功率,不包括发动机附件消耗功率 P_1,则处理后发动机最大输出功率 P_{max} 的数值为 $P_{max} = P_2 + DP_{max}$。

用发动机无负荷测功仪测得的发动机功率 P 为净功率,若该汽车发动机的额定功率为总功率,而不是净功率,则所测得的功率 P 应加发动机附件消耗功率 P_1 后才可与额定功率相比较。

2)汽车动力性道路检测

通过道路试验分析汽车动力性能,其结果接近于实际情况,汽车动力性道路试验的检测项目一般有高挡加速时间、起步加速时间、最高车速、陡坡爬坡车速、长坡爬坡车速,有时为了评价汽车的拖挂能力,还需进行汽车牵引力检测。另外,有时为了分析汽车动力的平衡问题,采用高速滑行试验测定滚动阻力系数 f 及空气阻力系数 C_D,但由于道路试验受到道路条件、风向、风速、驾驶技术等因素的影响,而且这些因素可控性差,同时还需要按规定条件选用或建造专门的道路等。

3. 汽车底盘测功机

1) 汽车底盘测功机的作用和类型

（1）汽车底盘测功机的作用。底盘测功机是一种不解体检验汽车性能的检测设备，它是通过在室内台架上汽车模拟道路行驶工况的方法来检测汽车的动力性，而且还可以测量多工况排放指标及油耗。底盘测功机通过滚筒模拟路面，通过功率吸收加载装置来模拟道路行驶阻力，通过飞轮的转动惯量来模拟汽车的转动惯量、直线运动质量的惯量，故能进行符合实际的复杂循环试验，因而得到广泛应用。近年来由于电子计算机的高速发展，为数据的采集、处理及试验数据的结果分析提供了有效的手段，同时为模拟道路状态准备了条件，加速了底盘测功机的发展，加之各类专用软件的开发和应用，使汽车底盘测功机得到了广泛的推广。

（2）汽车底盘测功机的类型。底盘测功机分为单滚筒底盘测功机和双滚筒式底盘测功机。单滚筒底盘测功机，滚筒直径大，制造和安装费用大，但其测试精度高，一般用于制造厂和科研单位；双滚筒式底盘测功机的滚筒直径小，设备成本低，使用方便，但测试精度较差，一般用于汽车使用、维修行业及汽车检测站、检测线。

2) 汽车底盘测功机的基本结构

汽车底盘测功机一般由滚筒装置、测功装置、飞轮机构、测速装置、控制与指示装置等构成。其机械部分的结构如图 2-10 所示；图 2-11 为汽车底盘测功机外形图。

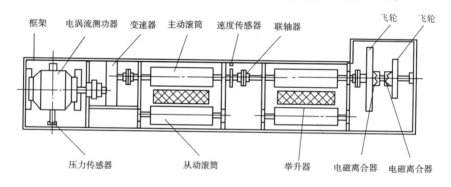

图 2-10 底盘测功机机械部分结构示意图

图 2-11 汽车底盘测功机外形图

（1）滚筒装置。滚筒装置的作用相当于能够连续移动的路面，测功试验时，汽车驱动轮驱动滚筒旋转。底盘测功机的滚筒装置有单滚筒和双滚筒两种类型，如图 2-12 所示。

① 单滚筒试验台。单滚筒试验台的滚筒多采用硬质木料或钢板制成，其直径一般在 1500～2500mm，表面曲率愈小，车轮在滚筒上滚动时就像在平路上行驶，轮胎与滚筒表面间的滑转率小，行驶阻力小，因而测试精度高。但大滚筒试验台制造成本大，占地面积大，同时对车轮在滚筒上的安放定位要求严格，而车轮中心与滚筒中心在垂直平面内的对中又比较困难，故使用不太方便。因此，单滚筒底盘测功机一般用于科研单位、大专院校和汽车制造部门，较小的滚筒用于汽车维修和诊断企业。

② 双滚筒试验台。双滚筒试验台的滚筒多采用钢质材料制成，直径一般为 185～

400mm,由于曲率半径小,滚筒表面曲率大,因而轮胎与滚筒表面的接触面积较在平路上行驶时小得多。接触面积间比压和变形大,滑转率大,从而使滚动阻力增大,测试精度低。在较高试验车速下,轮胎的滚动功率损失可达到所传递功率的15%~20%。但双滚筒底盘测功机具有车轮在滚筒上安放定位方便和制造成本低等优点,因而适用于汽车维修和诊断企业,尤其是单轮双滚筒式试验台应用更为广泛。

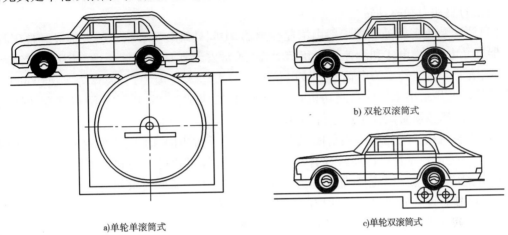

a)单轮单滚筒式　　b)双轮双滚筒式　　c)单轮双滚筒式

图 2-12　滚筒装置的结构类型

双滚筒试验台还有主动、从动滚筒之分,与测功器相连的滚筒为主动滚筒,左右两个主动滚筒之间装有联轴器,左右两个从动滚筒处于自由状态。

不管哪种类型的滚筒,均经过平衡试验,并通过滚动轴承安装在框架上。框架是底盘测功试验台机械部分的基础,坐落在地坑内。

(2)测功装置。测功装置用于吸收和测量汽车驱动轮的输出功率,通常称为测功器。测功装置也是一个加载装置,可模拟汽车在道路上行驶时所受的各种阻力,使车辆受力情况如同在道路上行驶时一样。

底盘测功机常用的测功器有水力测功器、电力测功器和电涡流测功器3类。由于水力测功器功率吸收装置的可控性较差,电力测功器成本又较高,汽车检测站和维修企业使用的底盘测功机多采用电涡流测功器。

电涡流测功器主要由定子和转子构成,转子与滚筒相连,定子可绕其主轴线摆动。图2-13为水冷电涡流测功器的结构示意图。

定子内部沿圆周布置有励磁线圈和涡流环,转子在励磁线圈和涡流环内转动。转子的外圆上加工有均匀分布的齿与槽,齿顶与涡流环间留有一定的空气隙。

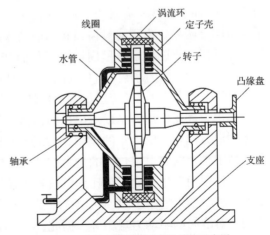

图 2-13　水冷电涡流测功器的结构示意图

当励磁线圈上有直流电通过时,在其周围产生磁场,磁场的磁力线通过转子、空气隙、涡流环和定子形成闭合磁路,分布在齿顶处的磁通密度大,分布在齿槽处的磁通密度小。当转子转动时,通过涡流环上任一点的磁力线呈周期性的变化,因而在涡流环上任一点上产生感应涡电流。该涡电流与产生它的磁场的相互作用而产生了对汽车的制动力矩,因而测功器吸收驱动轮的输出功率,同时也对滚筒加了载。只要改变磁线电流的大小,就可以自由地控制测功器产生的制动力矩。

定子外壳上装有测力杠杆,并与安装在杠杆下方的压力传感器构成测力装置,以测出汽车驱动轮的驱动力和驱动转矩。

(3)测速装置。测速装置一般由测速传感器、中间处理装置和指示装置构成。常用测速传感器有光电式、磁电式和测速发电机等类型,通常安装在从动滚筒一端,随从动滚筒一起转动,把滚筒的转速转变为电信号。该电信号经放大送入处理装置,换算为车速(km/h)并在指示装置上显示出来。底盘测功机在进行测功、加速试验、等速试验、滑行试验和燃油经济性试验时,都必须对试验车速进行测试。

(4)飞轮机构。飞轮机构用于模拟汽车在道路上行驶时的动能,常采用离合器以实现与滚筒的自由接合。飞轮机构通常具有一组多个飞轮,其飞轮机构的转动惯量及其在各个飞轮上的分配应与所测车型进行加速能力试验和滑行能力试验的要求相适应。

(5)控制装置。底盘测功机的控制装置和指示装置常做成一体,构成控制柜,安放在机械部分的左前方易于操作和观察的位置。如果测力装置和测速装置均为电测式,指示装置为机械式时,指示装置仅能显示驱动车轮的驱动力,驱动轮输出功率需根据所测出的驱动力和试验车速换算才能得到。

图2-14为底盘测功机控制柜面板图,控制柜上的按键、显示窗、旋钮、功能灯、报警灯、指示灯等,用来控制试验过程,显示试验结果。带有打印机的底盘测功机,还可打印出所测数据或曲线图。

3)底盘测功机的工作原理

(1)汽车驱动轮输出功率测试。测功试验时,汽车驱动轮置于滚筒装置上,驱动滚筒旋转并经滚筒带动测功器的转子旋转。当定子上的励磁线圈没有电流通过时,转子不受制动力矩作用;而励磁线圈有直流电通过时,所产生磁场的磁力线通过转子、空气隙、涡流环和定子构成闭合磁路。由于通过齿顶和凹槽的磁通量不同,因而当转子在滚筒带动下旋转时,通过涡流环任一点的磁通量呈周期性变化而产生了涡电流,涡电流产生的磁场与励磁场相互作用,产生了与转子旋转方向相反的转矩,从而对滚筒起了加载作用。测出该转矩和转子转速,便可据此得到由滚筒传递给测功器转子的驱动功率。

作用力和反作用力是成对出现的,对转子施加制动力矩的同时,定子受到与制动力矩大小相同但方向相反的力矩的作用,力图使可绕主轴摆动的定子顺着转子旋转方向摆动。在测功器定子上安装上定长度的测力杠杆,并在其端部下方安装压力传感器,压力传感器便会受压力作用而产生与此成正比的电信号。显然,该压力与杠杆长度(压力传感器至测功器主轴的距离)之积便是定子(或转子)所受力矩的数值。在滚筒稳定旋转时,该力矩与驱动轮驱动力对滚筒的驱动力矩相等。据此,可求出车轮作用在滚筒(其半径为已知常数)上的驱动力的大小。

底盘测功机进行测功试验,以及进行加速试验、车速表检测、滑行试验、燃油经济性试验时,都需要测得试验车速,因此必须配备测速装置。测速装置多为电测式,所用传感器有磁电式、光电式和测速电动机等形式,一般装在从动滚筒一端随滚筒一起转动,并把滚筒转动转变为电信号。

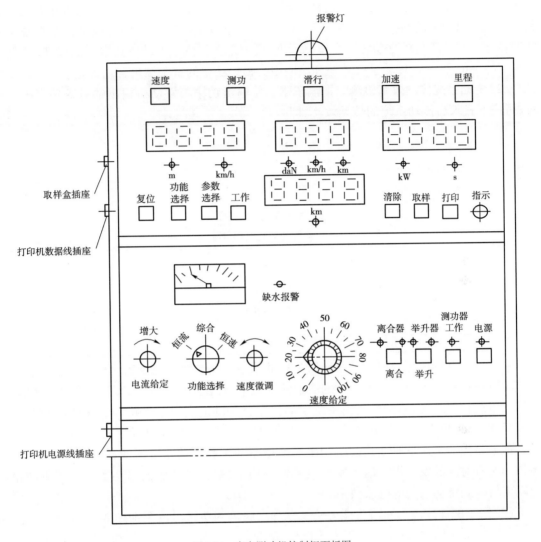

图2-14 底盘测功机控制柜面板图

由压力传感器和测速传感器传来的电信号输入到控制装置,经计算机处理后,在指示装置上显示出功率(kW)、驱动力(kN)和车速(km/h)的数值。显然,三者间具有如下关系

$$P_k = \frac{Fv}{3600}$$

式中:P_k——驱动轮输出功率,kW;

　　F——驱动轮驱动力,N;

　　v——试验车速,km/h。

在底盘测功机上测得的驱动轮输出功率取决于发动机输出功率、传动系统传动效率、滚动阻力损失功率和试验台传动效率等因素。由于受滚筒表面曲率的影响,驱动轮在底盘测功机滚筒上的滚动阻力比在良好路面上行驶时的滚动阻力大,由滚动阻力所消耗的功率可

达所传递功率的15%~20%;在传动系统技术状况良好的情况下,汽车传动系统的功率损失占发动机输出功率的10%~20%,其具体数值取决于传动系统的类型。资料表明:检测在用汽车的驱动轮输出功率时,小客车若能达到发动机输出功率的70%;货车和大客车若能达到其发动机输出功率的60%(双级主传动器)、65%(单级主传动器),即可说明传动系统技术状况良好。底盘测功机驱动轮功率检测标准,可根据在用汽车发动机功率检测标准(不低于原额定功率的75%)、传动系统效率和滚动阻力损失功率的试验结果合理确定。

(2)传动系统传动效率检测。把汽车驱动轮输出功率与发动机输出的有效功率进行比较,可按下式求出传动系统的传动效率,即

$$\eta_T = \frac{P_k}{P_e}$$

式中:P_k——驱动轮输出功率;

P_e——发动机有效功率。

正常情况下,汽车传动系统机械效率正常值见表2-3。

汽车传动系统机械效率 表2-3

汽车类型		传动效率 η_T
小客车		0.90~0.92
货车和大客车	单级主减速器	0.90
	双级主减速器	0.84
4×4越野汽车		0.85
6×6越野汽车		0.80

利用试验台反拖可测得传动系统所消耗的功率。在惯性式底盘测功机或带有储能飞轮可模拟汽车在相应车速下行驶动能的底盘测功机上,若在测得汽车驱动车轮的输出功率后,立即踩下离合器踏板,储存在飞轮系统中的汽车行驶动能会反过来拖动汽车驱动轮和传动系统运转,运转阻力作用于滚筒,因此底盘测功机可测得反拖驱动轮和传动系统消耗的功率。如果将同一车速下驱动轮输出功率与反拖驱动轮和传动系统所消耗的功率相加,可求得该车速所对应的发动机转速下发动机的输出功率,根据发动机输出功率和汽车驱动轮输出功率可得到传动系统的机械效率。

(3)汽车的加速能力和滑行能力测试原理。底盘测功机对汽车加速能力(加速时间)和滑行距离的测试精度,首先取决于飞轮机构、滚筒装置及其他旋转部件的旋转动能是否与道路试验时汽车在相应车速下的动能相一致。

汽车在底盘测功机上试验时,驱动轮驱动滚筒旋转,但整车处于静止状况。这样,要测试汽车在一定速度区间内的加速时间,必须以具有相应转动惯量的飞轮机构模拟汽车行驶时的动能。汽车在滚筒上加速时,滚筒及飞轮机构转速的提高使滚筒飞轮机构的旋转动能相应增加,从而消耗驱动轮输出功率,表现为汽车的加速阻力。滚筒圆周速度从某一值上升到另一值的时间与汽车路试时在相应速度区间的加速时间相对应。加速时间的长短则反映其加速能力的大小。

汽车以某一车速在滚筒上作滑行试验时,汽车驱动轮首先带动滚筒装置、飞轮机构以相应转速旋转,此时滚筒装置和飞轮机构具有的动能与汽车道路试验时具有的动能相等。摘挡滑行后,储存在滚筒装置和飞轮机构的动能释放出来,驱动汽车驱动轮和传动系统旋转,

滚筒继续转过的圆周长度与汽车路试时的滑行距离相对应。滑行距离长短可反映汽车传动系统传动阻力的大小,据此可判断汽车传动系统的技术状况。

（4）其他项目的检测。除以上检测诊断项目外,利用底盘测功机滚筒装置作为活动路面,以测功器的制动力矩模拟汽车的行驶阻力,则凡是汽车在运行中进行的检测和诊断项目,在配备所需仪器设备后均可在底盘测功机上进行。如采用油耗计测试汽车在各种工况下的使用油耗;采用废气分析仪测试汽车在各种工况下的废气成分和烟度;采用发动机综合测试仪测试发动机点火提前角或供油提前角,观测发动机点火波形或柴油机供油波形;利用异响诊断分析仪诊断各总成或系统的异响;以及检测各总成工作温度和电气设备工作情况等。

三、任务实施

汽车动力性的台架试验包括驱动轮输出功率检测与加速时间及滑行距离的检测。

1. 驱动轮输出功率检测

（1）试验前,检查仪器、车辆及其他准备工作是否按规程准备好。

（2）根据受检车型,在底盘测功机上设定检测速度。

（3）将驱动轮置于底盘测功机的滚筒上,举升器下降,用纵向约束装置——挡车器挡住非驱动轴车轮,必要时通过钢丝绳将汽车尾部与地锚拉紧,前桥驱动车辆拉紧驻车制动并调整活动挡轮使其靠近车轮。

（4）关闭空调系统等非行车必需的耗能装置,起动汽车,逐步加速并换至直接挡,使汽车以直接挡的最低车速稳定运转。

（5）将加速踏板踩到底,测定设定速度下的驱动轮输出功率。

（6）待汽车速度在设定的检测速度下稳定 15s 后,读取并记录仪表显示的输出功率值。实际检测速度与设定检测速度的公差为 0.5km/h,在读数期间,转矩变动幅度应不超过 4%。

（7）按《汽车动力性台架试验方法和评价指标》(GB/T 18276—2000)标准记录环境状态及检测数据,并将输出功率修正为标准环境状态下的校正驱动轮输出功率。

（8）对低于允许值的车辆,允许重测一次。

（9）举升器上升将驱动轮托起,移去各种约束,检测结束。

2. 加速时间及滑行距离检测

（1）试验前,检查仪器、车辆及其他准备工作是否按规程准备好。

（2）根据被测车辆的基准质量选定底盘测功机的相应当量惯量,当底盘测功机所配备飞轮系统的惯量级数不能准确满足被测车辆的当量惯量需要时,可选配与被测车辆整备质量最接近的转动惯量级,但应对检测结果做必要的修正。

（3）根据被测车型,在底盘测功机上设定加速及滑行速度区间。

（4）将驱动轮置于底盘测功机的滚筒上,举升器下降,用纵向约束装置——挡车器挡住非驱动轴车轮,前桥驱动车辆拉紧驻车制动并调整活动挡轮使其靠近车轮。

（5）关闭空调系统等非行车必需的耗能装置,起动汽车,按引导系统提示加速至高于规定车速后,将变速器置于空挡。利用车辆与测功机储存的动能,使其运转直至车轮停止转动。

(6)记录车辆在规定速度区间内的加速时间及滑行距离。
(7)举升器上升将驱动轮托起,脱开惯性模拟飞轮并移除各种约束,检测结束。

学习测试

一、填空题

(1)汽车底盘试验台一般由＿＿＿＿＿、＿＿＿＿＿、＿＿＿＿＿、＿＿＿＿＿4部分组成。

(2)汽车动力性的道路试验包括＿＿＿＿＿、＿＿＿＿＿、＿＿＿＿＿、＿＿＿＿＿4个试验项目。

(3)汽车性能的台架试验由于在＿＿＿＿＿进行,不受＿＿＿＿＿、＿＿＿＿＿等客观条件的影响,只受测试仪器本身＿＿＿＿＿的影响,故测试条件易于控制,是汽车检测站主要采用的检测手段。

(4)陡坡试验一般在专门设置的＿＿＿＿＿进行,＿＿＿＿＿长度应大于车长的＿＿＿＿＿倍。

(5)车辆用＿＿＿＿＿挡开始爬坡,其所能克服的最大＿＿＿＿＿值即为该车的最大爬坡能力,用＿＿＿＿＿表示。

二、判断题

(1)汽车动力性的台架试验包括驱动轮输出功率检测与加速时间及滑行距离的检测。（　）

(2)原地起步加速时间采用2挡起步,连续换挡加速至预定的距离进行测定。（　）

(3)汽车滑行性能的好坏,对其动力性和燃油经济性有着重要的影响。（　）

三、选择题

(1)汽车底盘的输出功率,除了可以通过整车的道路试验测定外,还可以在室内条件下在(　)上测定。

　　A.底盘测功试验台　　　　B.发动机试验台
　　C.水力测功机　　　　　　D.无负荷测功仪

(2)下列(　)不是造成汽车传动系机械传动效率低的原因。

　　A.离合器、变速器磨损　　B.主减速器、差速器润滑不良
　　C.发动机动力不足　　　　D.轮毂轴承松旷

四、问答题

(1)请说出汽车动力性的道路试验的内容。
(2)简述加速时间及滑行距离检测的步骤。

项目 3　汽车燃油经济性认知

学习任务 1　汽车燃油经济性评价指标认知

1. 能说出汽车燃油经济性评价指标；
2. 掌握常用汽车燃油经济性评价指标及其评价方法。

一、任务分析

随着能源的日渐紧张和对环境保护的日益迫切，环境问题和能源安全问题日益受到全世界的普遍关注，各国政府、企业和汽车消费者对汽车的燃油经济性能十分关注，节能工作更加重要。各种车型的燃油经济性标准要求越来越完善和严格。

二、相关知识

1. 汽车燃油经济性的指标

评价汽车燃油经济性的指标很多，不同的国家所采用的评价参量是不同的，大致有以下 6 种。

1）比油耗 g_e（燃料消耗率）

它表示发动机的单位有效功率在单位时间内所消耗的燃料量。在国际单位制中，它的单位为 g/kW·h（克/千瓦时）。

2）每小时耗油量 G_t

它表示发动机每小时所消耗的燃料质量。常用的单位为 kg/h（千克/小时）。

3）每千米耗油量 G_m

它表示汽车每行驶 1km 所消耗的燃油数量（常以体积计算）。常用单位是 L/km（升/千米）。

4）每升燃油行驶里程

它表示汽车消耗 1L 燃油可行驶的里程数。常用单位是 km/L（千米/升）。

5）百千米油耗量 Q

它表示汽车每行驶 100km 所消耗的平均燃油量（以体积计算）。常用单位为 L/100km（升/百千米）。

6）百吨千米油耗量 Q_t

它表示汽车运行过程中，每完成 100t·km 运输量所消耗的燃油量（以体积计算）。常用单位为 L/100t·km（升/百吨千米）。

在我国及欧洲，燃油经济性指标的单位为 L/100km，其数值越大，汽车的燃油经济性就越差。美国为 MPG（miles per gallon），指每加仑燃油能行驶的英里数。其数值越大，汽车的燃油经济性就越好。

2. 常用汽车燃油经济性评价指标及方法

等速行驶百千米的燃油消耗量是常用的一种评价指标，指汽车在一定荷载下，以最高挡在水平良好路面上等速行驶 100km 的燃油消耗量。但是，等速行驶工况并不能全面反映汽车的实际运行情况，特别是在市区行驶中频繁出现的加速、减速、怠速停车等行驶工况。因此，在对实际行驶车辆进行跟踪测试统计的基础上，各国都制定了一些典型的循环行驶试验工况来模拟汽车实际运行工况，并以其百千米的燃油消耗量（或 MPG）来评定相应工况的燃油经济性。

循环行驶试验工况规定了车速—时间行驶规范，例如，何时换挡、何时制动以及行车的速度和加速度等数值。因此，它在路上试验比较困难，一般多规定在室内汽车底盘测功机（转鼓试验台）上进行测试；而规定在路上进行试验的循环工况均很简单。

我国规定小客车按二十五工况进行循环试验，如图 3-1 所示，见表 3-1。

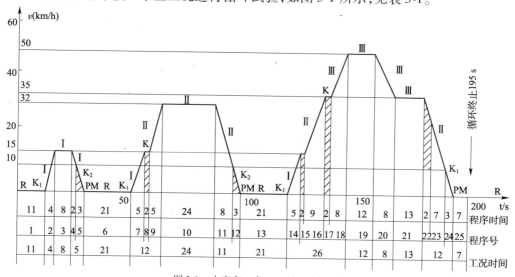

图 3-1 小客车二十五工况试验循环
K-离合器分离；K_1、K_2-离合器分离，变速器换 1 挡或 2 挡；Ⅰ、Ⅱ、Ⅲ-变速器 1 挡、2 挡、3 挡；PM-空挡；R-怠速（图中阴影部分）

小客车二十五工况试验循环试验表   表 3-1

程序号	运转次序	工况序号	加速度 (m/s²)	车速 (km/h)	程序时间 (s)	工况时间 (s)	累计时间 (s)	如系手动变速器，所用挡位
1	怠速	1			11	11	11	PM*6s + K_1*5s
2	加速	2	1.04	0~15	4	4	15	
3	匀速	3		15	8	8	23	Ⅰ

续上表

程序号	运转次序	工况序号	加速度 (m/s²)	车速 (km/h)	程序时间 (s)	工况时间 (s)	累计时间 (s)	如系手动变速器，所用挡位
4	减速	4	-0.69	15~10	2	5	25	I
5	减速、离合器脱开		-0.92	10~0	3		28	K_2
6	怠速	5			21	21	49	$PM6s + K_1 5s$
7	加速	6	0.83	0~15	5	12	54	I
8	换挡		0.94	15	2		56	II
9	加速			15~32	5		61	II
10	匀速	7		32	24	24	85	II
11	减速	8	-0.75	32~10	8	8	93	II
12	减速、离合器脱开		-0.92	10~0	3		96	K_2
13	怠速	9			21	21	117	$PM6s + K_1 5s$
14	加速	10	0.83	0~15	5	26	122	I
15	换挡			15	2		124	K
16	加速		0.62	15~35	9		133	II
17	换挡				2		135	K
18	加速		0.52	35~50	8		143	III
19	匀速	11		50	12	12	155	III
20	减速	12	-0.52	50~35	8	8	163	III
21	匀速	13		35	13	13	176	III
22	换挡	14	-0.86	35~10	2	12	178	II
23	减速				7		185	
24	减速、离合器脱开		-0.92	10~0	3		188	K_2
25	怠速	15			7	7	195	PM7s

注：PM 为变速器空挡，离合器接合；
K_1 为变速器换 1 挡，离合器脱开；
K_2 为变速器换 2 挡，离合器脱开。

欧洲经济委员会（ECE）规定，要测量车速为 90km/h 和 120km/h 等速百千米燃油消耗量和按 ECE-R.15 循环工况的百千米燃油消耗量，并各取 1/3 相加作为混合百千米燃油消耗量来评定汽车燃油经济性。美国环境保护局（EPA）规定，要测量城市循环工况（UDDS）及公路循环工况（HWFET）的燃油经济性（单位为每加仑燃油汽车行驶英里数 mile/gal），并按下式计算综合燃油经济性（单位为 mile/gal），以它作为燃油经济性的综合评价指标。

$$综合燃油经济性 = \frac{1}{\dfrac{0.55}{城市循环燃油经济性}} + \frac{1}{\dfrac{0.45}{公路循环燃油经济性}} \quad (3-1)$$

3. 乘用车燃料消耗量第四阶段标准

为应对汽车燃料消耗快速增长及由此引起的能源和环境问题,我国从2001年开始正式启动汽车燃料消耗量标准及政策研究。在借鉴国际先进经验的基础上,主要根据我国汽车产业发展实际情况,制定、发布并实施了《乘用车燃料消耗量限值》(GB 19578—2014)和《乘用车燃料消耗量评价方法及指标》(GB 27999—2014)等一系列有关汽车燃料消耗量试验方法、限值和标识的重要标准,建立了较为完善的汽车燃料消耗量标准体系(表3-2)。

汽车燃料消耗量标准体系　　　　　　　　　表3-2

标准或方法	名　　称	编　　号
标识标准	轻型汽车燃料消耗量标识	GB 22757—2008
限值\目标值标准	乘用车燃料消耗量限值	GB 19578—2014
	乘用车燃料消耗量评价方法及指标	GB 27999—2014
	轻型商用车辆燃料消耗量限值	GB 20997—2014
	重型商用车辆燃料消耗量限值	GB 30510—2014
试验方法	轻型汽车燃料消耗量试验方法	GB/T 19233—2008
	重型商用车辆燃料消耗量测量方法	GB/T 27840—2011

《乘用车燃料消耗量限值》(GB 19578—2004)是我国汽车节能领域第一项强制性国家标准。从该标准开始,我国逐步建立、实施了汽车节能管理制度,陆续将乘用车、轻型商用车及重型商用车纳入《车辆生产企业及产品公告》管理,规定在我国生产并销售的车辆必须满足相应的燃料消耗量限值。

为进一步完善汽车节能管理制度,我国于2011年制定发布《乘用车燃料消耗量评价方法及指标》(GB 27999—2011),在单车燃料消耗量限值基础上提出了企业平均燃料消耗量目标值的要求。2013年3月,工业和信息化部会同发展改革委、商务部、海关总署、质检总局发布了《乘用车企业平均燃料消耗量核算办法》(2013年第15号公告),明确了乘用车企业平均燃料消耗量的核算范围、核算主体、核算方法。

1)《乘用车燃料消耗量限值》(GB 19578—2014)和《乘用车燃料消耗量评价方法及指标》(GB 27999—2014)的关系及定位

在我国汽车节能标准体系中,《乘用车燃料消耗量限值》(GB 19578—2014)和《乘用车燃料消耗量评价方法及指标》(GB 27999—2014)是相互支撑、不可或缺的重要组成部分,两者定位和作用不同。

《乘用车燃料消耗量限值》(GB 19578—2014)国家标准规定了我国乘用车燃料消耗量的最低要求,适用于我国汽车产品准入管理环节,其目的是为淘汰落后产品,促进我国乘用车燃料消耗量的全面降低。不满足《乘用车燃料消耗量限值》(GB 19578—2014)的车型,不能获得《车辆生产企业及产品公告》许可,不允许在我国生产、销售和注册、使用。

《乘用车燃料消耗量评价方法及指标》(GB 27999—2014)是在《乘用车燃料消耗量限值》(GB 19578—2014)的基础上,进一步从企业层面对燃料消耗量提出的要求,其目的是在乘用车车型燃料消耗量满足国家最低准入要求的基础上,允许企业通过调整产品结构来满足企业平均燃料消耗量要求,给企业产品结构调整留出一定的灵活性。

同时修订加严《乘用车燃料消耗量限值》(GB 19578—2014)和《乘用车燃料消耗量评价

方法及指标》(GB 27999—2014)是对现有乘用车节能管理的完善和升级,一方面通过实施更加严格的《乘用车燃料消耗量限值》,加快淘汰较为落后的高油耗车型,另一方面,通过实施更加严格的《乘用车燃料消耗量评价方法及指标》,促使企业加快节能车型的研发、生产和销售,促进新能源汽车的发展和应用,最终推动我国乘用车平均燃料消耗量水平在2020年下降至5 L/100km左右,对应二氧化碳排放约为120g/km。

2)《乘用车燃料消耗量限值》(GB 19578—2014)主要技术内容说明

(1)《乘用车燃料消耗量限值》(GB 19578—2014)适用于能够燃用汽油或柴油燃料、最大设计总质量不超过3 500 kg的M1类车辆,包括汽油、柴油车辆和能够燃用汽油、柴油的两用燃料和双燃料车辆;但不适用于仅燃用气体燃料或醇醚类燃料的车辆。

(2)将现行《乘用车燃料消耗量评价方法及指标》(GB 27999—2014)规定的车型燃料消耗量目标值作为新的乘用车燃料消耗量限值。

这一要求是在对我国乘用车燃料消耗量水平和车型分布进行系统分析的基础上考虑未来发展确定的。据统计,到2013年底,新认证车型中,达到新的乘用车燃料消耗量限值的车型比例超过55%,其产量占比约为66%。因此,实施《乘用车燃料消耗量限值》(GB 19578—2014)具有较强的可行性。

(3)《乘用车燃料消耗量限值》(GB 19578—2014)对新认证车执行日期为2016年1月1日,对在生产车执行日期为2018年1月1日,为现有产品留出了3年的过渡期,充分考虑了企业投资产品回收期。

3)《乘用车燃料消耗量评价方法及指标》(GB 27999—2014)主要技术内容

(1)继续采用企业平均燃料消耗量评价体系,并按整车质量分组设定车型燃料消耗量评价体系。

从标准体系延续性、有效性及科学性等综合分析,决定继续采用企业平均燃料消耗量评价体系,并按整车质量分组设定车型燃料消耗量评价体系。在车型燃料消耗量设定时,为抑制车辆大型化趋势,继续采用并强化抓大放小策略,对整车整备质量较大的车辆大幅度加严车型燃料消耗量要求,适度放松小质量段车辆的车型燃料消耗量要求。考虑到较低质量段车辆的绝对燃料消耗量较低,且总体市场规模不大,对乘用车平均燃料消耗量的影响有限,将质量最小的三个质量段($CM \leq 750kg$、$750kg < CM \leq 865kg$、$865kg < CM \leq 980kg$)的限值合并,统一采用$865kg < CM \leq 980kg$质量段的目标值要求;实际放松了$CM \leq 750kg$和$750kg < CM \leq 865kg$两个质量段的车辆目标值,受影响车辆所占市场份额约0.3%。

同时,根据我国乘用车平均整备质量逐年增加的事实和趋势,将基准质量段从1205~1320kg调整至1320~1430kg,对应基准燃料消耗量不变,以避免车辆大型化导致的质量增加对燃料消耗量下降产生不利影响。

(2)将新能源汽车及替代燃料汽车纳入适用范围,并在确定车型燃料消耗量、核算企业平均燃料消耗量时给予一定优惠。

(3)鼓励先进节能技术的应用。为鼓励汽车节能技术的发展和应用,对现有试验方法中无法体现或体现不完全但在实际使用中具有明显效果的节能技术或装置,《乘用车燃料消耗量评价方法及指标》(GB 27999—2014)允许在计算企业平均燃料消耗量时依据可量化评价的原则,根据其节能效果相应减少车型燃料消耗量。

三、任务实施

通过互联网,梳理我国汽车燃料消耗量标准体系。

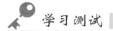

1. 什么是等速行驶百千米的燃油消耗量?
2. 什么是循环行驶试验工况?
3. 我国控制乘用车燃料消耗量的第一个强制性国家标准《乘用车燃料消耗量限值》(GB 19578—2004)的主要内容是什么?

学习任务2　汽车燃油经济性的影响因素认知

1. 理解汽车燃油经济性计算;
2. 会分析影响汽车燃油经济性的因素;
3. 能提出提高燃油经济性的措施或方法。

一、任务分析

影响汽车燃油消耗量的因素除汽车结构、工艺水平和车辆技术状况外,还与道路、载荷、运距、气候环境、交通情况及驾驶水平等有关,要综合考虑各种随机因素、自然因素和人为因素等。

二、相关知识

汽车燃料消耗量与发动机燃油经济性、汽车结构参数、使用条件等有关,下面分析汽车燃油经济性的影响因素。

1. 汽车结构方面

1)发动机

由图3-2可知,发动机中的热损失与机械损耗占燃油化学能中的65%左右,显然,发动机是对汽车燃料经济性最有影响的部件。目前提高发动机经济性的主要途径为:

(1)提高压缩比。当压缩比ε提高时,热效率增加,发动机动力性提高,油耗率降低。试验表明,在$\varepsilon = 7.5 \sim 9.5$范围内,压缩比每提高一个单位,油耗可以下降4%以上。

汽油机压缩比的提高主要受爆震和NO_x污染物排放的限制,同时提高到一定程度后,不仅对提高发动机的功率和效率无明显效果,而且会增加排气中 NO_x 的浓度。提高压缩比,需要相应汽油辛烷值,使得汽油炼制成本提高。提高压缩比的措施:改进燃烧室和进气系统,提高发动机结构的爆震极限;使用爆震传感器,自动延迟产生爆震时的点火提前角;开发高辛烷值汽油等。

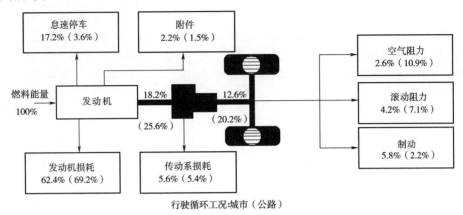

图 3-2　现代中型客车 EPA 城市、公路循环行驶工况的能量平衡

（2）采用汽油机电子燃油喷射系统。可燃混合气燃烧得完全,燃烧的放热量就多,这不仅能使发动机发出更大的功率,而且可使排出废气中的有害物质得到控制;燃烧得及时,可使比油耗下降,热效率提高。

与传统的化油器供给系统相比,电子汽油喷射系统通过电子技术对系统实行多参数控制,可使发动机的功率提高 10%,在耗油量相同的情况下,转矩可增大 20%;从 0～100km/h 加速时间减少 7%;油耗降低 10%;尾气排污量可降低 34%～50%,系统采用闭环控制并加装三元催化器,排放量可下降 73%。

（3）多气门结构。在未来 5～10 年,多气门技术还将继续发展和普及。四气门的主要优点有:油嘴垂直且中心布置,使油线分布均匀,相应的燃烧室也可以中心布置,中心燃烧室与偏置燃烧相比,进气涡流动能的衰减,要明显小得多;中置油嘴加中置燃烧室可以改善混合气的形成,提高燃烧质量,获得低的排放和高的转矩功率;四气门增加了气门的流通面积和流通力,进气面积可提高 11% 以上,排气面积可提高 25% 以上,从而降低了泵气损失,提高充气系数,有助于降低燃料消耗率;中置燃烧室使活塞顶上的热负荷趋于均匀,便于冷却油腔的布置,采用冷却油腔的活塞能承受更高的热负荷;四气门采用两个独立的进气道,便于实现可变进气涡流,高转速、全负荷时两个进气道都打开,而在低速时只开一个进气道,从而提高了涡流比;中置且垂直的油嘴安装位置使用,可变流道面积喷嘴,有助于减少排放,特别是低转速、低负荷的颗粒排放。

（4）涡轮增压技术。增压是指对新鲜空气进行预压缩的过程。增压后进入燃烧室内的新鲜空气量增多,燃烧更多的燃料,从而可以提高发动机功率。提高空气的压力和降低进入汽缸的空气温度的办法是采用增压和中间冷却技术。该技术除明显改善发动机的动力性外,还可以改善燃料经济性。实践证明,在小型汽车发动机上采用涡轮增压,当汽车以正常的经济车速行驶时,可以获得相当好的燃料经济性,同时,发动机功率的增加,能得到驾驶人所期望的良好的加速性能。

采用增压技术不仅可提高功率30%~100%;还可以减少单位功率质量,缩小外形尺寸,节约原材料,降低燃料消耗。实践表明:在一般柴油机上,将进排气管作适当变动,并调整加大供油量,加装废气涡轮增压器后,可明显增加功率,降低油耗。

(5)燃烧稀混合气。稀混合气可以提高发动机燃料经济性的主要原因是,由于稀混合气中的汽油分子有更多的机会与空气中氧分子接触,容易燃烧完全,同时混合气越接近于空气循环,绝热指数K越大,热效率随之提高;燃用稀混合气,由于其燃烧后最高温度降低,使汽缸壁传热损失较少,并使燃烧产物的离解减少,从而提高了热效率。另外,采用稀混合气,由于汽缸内压力、温度低,不易发生爆震,则可以提高压缩比,增大混合气的膨胀比和温度,减少燃烧室残余废气量,因而可以提高燃油的能量利用效率。但若混合气过稀,燃烧速度过于缓慢,等容燃烧速度下降,混合气发热量和分子改变系数减少,指示功减小,但机械损失功变化很小,使机械效率下降;混合气过稀,发动机的工作对混合气分配的均匀性和汽油、空气及废气三者的混合均匀性变得更加敏感,循环变动率增加,个别缸失火的概率增加。

2)传动系

汽车传动系的挡数、传动比及传动系效率对汽车燃烧经济性都有很大影响。

为了降低汽车的燃料消耗量,不仅希望发动机的有效燃料消耗率的数值尽可能小,而且还希望发动机工作在特性曲线的最佳比油耗区。传动系的传动比(主要是变速器的传动比)影响发动机工作特性曲线与汽车行驶阻力之间的匹配。传动系的传动比应使发动机在经济工况下工作。

(1)变速器挡位数的影响。在一定的行驶条件下,变速器应尽量用较高挡位。例如在良好水平路面上,在某些速度下,既可用最高挡行驶,又可用次高挡行驶,则采用高挡行驶比较省油。因为在相同车速、相同阻力功率的情况下,采用高挡,则发动机行驶阻力不变,所以,100km燃料消耗较小。由此可知,能够用高速挡行驶时,尽量用高挡行驶。

传动系的挡位越多,汽车在运行过程中越有可能选用合适的传动比,使发动机处于经济的工作状况,以提高汽车的燃料经济性。因此,近年来小客车手动变速器已基本上采用5挡。大型货车有采用更多挡位的趋势,如装载质量为4t的五十铃货车,装用了7挡变速器。由专职驾驶人驾驶的重型汽车和牵引车,为了改善动力性和燃料经济性,变速器的挡位可多至10~16个。但挡位数过多会使变速器结构大为复杂,同时操纵机构也过于繁琐,从而使变速器操作不便,换挡困难。为此,常在变速器后接上一个2挡或3挡的副变速器。

如果无级变速器的传动效率与机械式有级变速器的传动效率同样提高,则采用无级变速器最理想,它可使发动机的工作特性与汽车的行驶工况始终有最佳的匹配。

(2)超速挡的应用。传动系直接挡的总减速比(主减速器传动比),是根据良好路面上的功率平衡图及直接挡要求的动力因素来选择的。这样的传动比,在中等车速下,节气门开度仍然不大,发动机的燃料消耗率较高。为了改善良好路面上行驶时的燃料经济性,常不改变主减速器传动比,而在变速器中设一个传动比小于1的超速挡。在相同的车速和道路条件下,用超速挡比用直接挡时发动机的转速低,负荷率高,故燃料消耗率下降,因而可降低汽车的100km燃料消耗量。

(3)主减速器传动比的影响。主减速器的传动比选择较小时,在相同的道路条件和车速下,也同样使发动机的燃料消耗减小,有利于提高汽车的燃料经济性。但主减速器传动比过小,会导致经常被迫使用低一挡的挡位,最小传动比挡位的利用率降低,反而使燃料消耗量增加。

(4)传动系的机械效率。传动系的效率越高,则传动过程中的功率损失越少,汽车的燃料消耗量也随之减少。

2. 减小汽车行驶中的行驶阻力

汽车行驶过程中,滚动阻力和空气阻力在任何行驶条件下均会产生,因此汽车经常需要消耗功率来克服这些阻力。所以,减小汽车行驶中的滚动阻力和空气阻力,对节约燃料,提高汽车的燃料经济性很有意义。

1)减小汽车的滚动阻力

汽车的滚动阻力与路面状况、行驶车速、轮胎结构,以及传动系统、润滑油料等都有关系。

(1)路面状况对汽车滚动阻力的影响。众所周知,在汽车总重一定的情况下,汽车行驶的滚动阻力主要决定于滚动阻力系数。不同路面的滚动阻力系数相差很大。汽车在不平的路面上行驶时,经常跳动,引起悬架装置和轮胎变形的增加,滚动阻力增加。为了节约燃油,一定要修好路面,养好路面。

(2)汽车行驶速度对滚动阻力的影响。行驶车速对轮胎滚动阻力的影响很大,前面已给出了较多的分析。如图3-3所示,货车及小客车轮胎在车速100km/h以下时,滚动阻力逐渐增加但变化不大;小客车轮胎在140km/h以上时滚动阻力增长较快;车速达到某一临界车速,例如200km/h左右时,滚动阻力迅速增长,此时轮胎发生驻波现象,从而使滚动阻力显著增加。所以从经济性的角度出发,在使用汽车时,载货汽车的车速最好控制在100km/h以下,小客车的车速最好控制在140km/h以下。

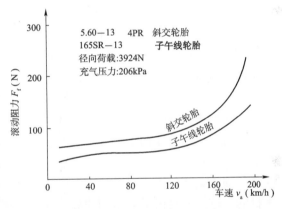

图3-3 汽车行驶车速对滚动阻力的影响

(3)轮胎气压对滚动阻力的影响。轮胎的充气压力对滚动阻力系数影响很大,气压降低时,滚动阻力系数迅速增大。当汽车在良好的硬路面上以50km/h以下的速度行驶时,汽车的滚动阻力占总行驶阻力的80%左右。

滚动阻力系数取决于轮胎径向变形量。对于一定规格、层次的轮胎来说,径向变形量的大小主要取决于轮胎承载负荷和胎内气压。气压下降,径向变形量增大,滚动阻力系数增加,油耗增加。如当汽车各轮胎的气压均较标准(各车型规定值)降低49kPa,就会增加5%的油耗;而当轮胎气压低于标准的5%~20%时,就会减少20%的轮胎行驶里程,相应增加10%的油耗。可见,保持轮胎气压在标准范围,是减小滚动阻力,降低油耗的有效措施。

(4)轮胎类型对滚动阻力的影响。轮胎的结构、帘线和橡胶的品种对滚动阻力都有影响。子午线轮胎比斜交胎的滚动阻力系数小。这是因为子午线轮胎的胎线层数比斜交胎的层数少,一般为4层,从而层与层之间的摩擦损耗减小。同样层数和规格的轮胎,子午线轮胎接地面积比斜交胎大,接地印痕呈长方形,而斜交胎印痕呈椭圆形,因此斜交胎对地压强小且均匀,轮胎的变形量减小。当轮胎滚动一周时,子午胎与地面相对滑移量小,可多走2%左右,其耐磨性可提高50%~70%。研究表明,汽车轮胎滚动阻力减小4%,油耗可下降1%左右。例如人字形花纹轮胎反向使用时,滚动阻力比顺向使用时减少10%~25%,可降低油耗3%~8%。

2)减小汽车的空气阻力

(1)汽车车身结构与燃油消耗量的关系。空气阻力与汽车车身结构密切相关,它由发动机产生的牵引力来克服。减小空气阻力,就可降低发动机消耗的功率,从而降低汽车的耗油量。要减小空气阻力,就必须减小汽车的迎风面积,并使之具有合理的流线型,从而降低空气阻力系数 C_D。另外,还要保持中速行驶。

C_D 将取决于汽车的外形,即汽车的流线型如何。汽车的外形从箱形、甲壳虫形、船形、鱼形到楔形,经过了5个发展时期。当今公路上实用汽车的行驶速度已达到100~150km/h。为了保证较小的空气阻力和可靠的行驶稳定性,降低汽车的油耗,必须改善汽车车身的空气动力性能。

(2)改善汽车车身空气动力性能的措施。为了降低空气阻力,达到节油的目的,小客车的外形必然是在楔形的基础上不断改进为良好的流线型。货车及各类箱式车辆,尤其是大型牵引挂车,为了实用的目的,其巨大的车身一般均为非流线型,要想降低其空气阻力,解决的办法就是广泛使用各种局部的减阻装置。比如小客车的车速较高,容易在汽车尾部形成吸气涡流,为避免这种情况,可以在小客车的尾部加装空气导流器,安装后,节油效果明显。

3. 汽车轻量化技术

钢铁材料仍是汽车的主要用材,但其所占的比例呈下降趋势。有色金属和塑料所占的比例上升得最快。直接原因是对汽车轻量化的要求越来越高,而有色金属和塑料本身性能的改善和加工工艺的进步也为其扩大应用创造了条件。其他非金属材料的比例提高也是令人瞩目的。这主要是由于对车辆的舒适性要求逐年提高,装饰更为高级、豪华,各种涂料、皮革、织物等非金属材料的用量越来越多。也正是由于汽车趋向于快速、高级、豪华、舒适、安全,形形色色的附配装置大量使用,使汽车的总质量有了较大的增加,进一步加剧了汽车轻量化的迫切性与难度,汽车材料的这种变化趋势还会继续下去。

1)汽车轻量化技术

轻量化技术可采用"比铁更轻的金属材料"、"可重复使用的塑料"、"车体和部件的结构更趋合理化的中空型结构"等对策。例如,高强度钢板制的车体材料、铝制发动机机体、铝合金飞轮、塑料消声器等的使用已趋普遍,而悬架部件、燃油箱轻量化则刚开始。此外,把发动机的凸轮轴和曲轴等旋转部件制成中空化结构,以减轻质量。汽车轻量化,往往是通过这些细小技术的措施来使整体轻量化的。

发动机的质量,除决定于公称尺寸这一因素之外,还受材料的选择和制造技术所制约。使用薄壁铸造技术,用轻合金和塑料等所制造的汽缸体和汽缸套,铝合金制的发动机机体和曲轴,回转部分的中空结构,发动机凸轮轴和曲轴的以塑代钢、以陶代钢,以及采用陶瓷活塞销等,使零部件轻量小型,从而可实现提高功率、节能和燃料费降低的目标。

2）材料轻量化

（1）各种汽车材料的密度。汽车各种材料的密度有很大差异，因此存在着轻量化材料替代高密度材料，从而减轻零部件的可能性。但是由于材料性能各异，特别是强度和刚度不同，材料间未必能等容积互代，低密度材料往往需要加大制件的尺寸才能等效地替代高密度材料。

（2）现用轻量化材料。汽车轻量化材料具有代表性的有轻金属、高弹力钢、塑料等。在构成材料中，这些材料所占有的比例渐渐增加。根据通用汽车公司的战略，今后将转向使用铝和塑料的轻量化材料。各汽车制造厂和研究所对轻型新材料研究虽十分盛行，但对大批量生产还存在成本平衡问题。在汽车界价格激烈竞争的情况下，轻量化带来的成本提高是不容易得到认可的。实施轻量化，应尽可能降低成本的提高，是设计者们的目标。

（3）新型轻量化材料。多数新材料是在航空航天工业开发过程中产生的，现在汽车上使用的高强度钢，也是在20世纪60年代火箭开发中成熟起来的，新陶瓷、碳纤维是航天飞机和火箭中必用的材料。现在市场规模小，但在今后进入成长期，并能迅速批量生产和低价格化时，才可在汽车上得到应用。

3）轻量化材料减轻汽车质量的潜力

目前汽车的主导材料是钢。钢在汽车材料中的主导地位已受到密度较小的塑料和铝的竞争。主要领域仍限于小客车车身；而不是动力和传动系统，这是因为后者所包含的零部件大多是高应力件，所用钢种是高强度的中碳钢或合金中碳钢，往往运用热处理以及渗碳等化学热处理增强工艺。但车身应用低强度的低碳钢，因而其地位受到塑料和铝的挑战。

小客车质量的很大份额是车身壳体及车门、发动机罩、行李舱盖板、前后保险杠，以及汽油箱、座椅等薄板附件。现代汽车前后保险杠已基本实现了塑料代钢，汽油箱大体上也已被塑料占领，其他附件正处在激烈竞争状态。行李舱盖板和发动机舱盖等水平零部件是塑料和铝的发展热点。

传统的小客车车身是一种薄壳体，所用钢板已经很薄。由于钢的密度远远超过铝和塑料，从竞争角度，还需继续减薄和降低质量。车身用钢的发展方向：一是提高强度；二是提高延性；三是提高抗蚀性。还要在采用这些新材料基础上，改善结构设计和制造成型技术。

不同种类的汽车对材料的需求是不同的，一般来说，小客车用铸铁和铸钢件较少，大多被铸铝件取代，相对来说小客车使用有色金属是比较多的。汽车所用的材料，由于节省能源、节省资源、轻量化的需要而有所变化，新材料相继被推出、应用。

4. 汽车使用节能技术

1）汽车驾驶与节油

汽车节油驾驶是整个汽车驾驶操作技能的主要组成，因为节省燃油会有直接的经济效益，熟练地掌握和运用这项操作技能驾驶汽车，一般可节油2%~12%。

要实现节油驾驶操作，首先要掌握基本的汽车驾驶操作规范，并做好车辆维护，包括针对节油要求的各项调整维修，发现故障及时维修，确保汽车处于完好的技术状况，不带病行车。还必须坚决改掉不符合规范的费油操作习惯，然后根据具体车况、路况灵活运用各种节油操作技能，就会有效地得到良好的节油效果。

由于各种汽车的结构、性能有所不同，驾驶人还应随时随地按照所驾驶车辆的使用说明书中的要求操纵车辆,既能保证顺利地行车,也能做好节油驾驶。

2)发动机起动与升温

发动机的起动,一般分为常温起动、冷起动和热起动。当大气温度或发动机温度高于5℃时,起动发动机不需要采取辅助措施,这种操作称为常温起动。而大气温度或发动机温度低于5℃时,起动发动机称为冷起动。发动机温度在40℃以上起动发动机称为热起动。

(1)发动机的常温起动。发动机常温起动的操作要领是:轻踩加速踏板,尽可能做到一次起动成功,起动后保持发动机低中速运转。试验表明:升温转速过低,升温时间加长,油耗增加;升温转速过高,油耗也增加,还会增加零件磨损。当发动机冷却液温度升到40℃时,尽快转到怠速运转和准备起步。

(2)发动机的冷起动。我国北方地区寒冷的1月平均气温达-20℃以下,西北、东北及高原严寒地区最低温度达-30~-40℃。低温对汽车行驶的影响;首先是发动机的冷起动,如果不采取必要的冷起动措施,不但发动机起动困难,而且起动油耗增加和发动机磨损增大。低温冷起动汽油发动机的主要困难有以下3项。

①低温下机油黏度变大,曲轴旋转阻力矩增大,发动机起动转速降低,汽缸内气流扰动作用变差,燃料与空气混合不均匀。

②随着温度降低,汽油的挥发性显著下降,黏度和相对密度增大、流动性变差,雾化不良,相当一部分汽油以液态进入汽缸,造成混合气过稀。

③低温下蓄电池电解液黏度增大,向极板渗透能力下降,内阻增大,蓄电池端电压下降,输出功率减少,以致起动机无力拖动发动机旋转或不能达到最低的起动转速。火花塞跳火能量也变小,不能点燃混合气。

在寒冷地区的汽车,发动机冷起动的措施首先是:采用低温黏度的机油;还应预热进气系统,以提高发动机进气温度,改善燃油雾化;加热汽缸体水套,以提高汽缸内温度,改善燃烧过程。在严寒地区应采用蓄电池加热保温箱,防止蓄电池电解液温度过低而导致输出功率过低,并保证向蓄电池正常充电;对进气系统应喷入起动汽油(柴油机为起动液)以改善混合气质量等。

目前在发动机汽缸体中已普遍灌注乙二醇型冷却液。结合采用各低温黏度机油和发动机的预加热装置等,是冬季起动发动机节省燃油的有效措施。

(3)发动机的热起动。汽车在行驶过程中经常有临时停车后重新起动发动机的情况,由于这时发动机冷却液温度较高,称为发动机的热起动。热起动时应轻踩加速踏板,做到一次顺利起动,如果重踩加速踏板起动发动机,反而费油。

在发动机起动升温时,为了节省燃油,应该待发动机冷却液温度升到40℃以上才起步行驶。由于起步冷却液温度低时,燃油雾化不良、发动机不能正常工作,加之机油黏度较大,摩擦损失功率增加,都会增加油耗。

3)汽车起步加速

汽车起步加速要求做到发动机既不熄火又能省油,关键在于正确掌握抬离合器踏板和踩加速踏板的要领。

汽车平路起步时,左脚完全踩下离合器踏板,将变速杆置于低挡位置,左手握转向盘,右手放松驻车制动器操纵杆,当左脚抬离合器踏板时,这个操作应分两个阶段,前一阶段动作适当快一些,待传动零件稍有振抖,发动机声音略有变化,即离合器与飞轮刚接合,这时,抬离合器踏板的动作(后一阶段)在这一位置稍作短暂停留,同时,右脚轻轻踩下加速踏板,左脚再缓慢抬起离合器踏板,使车辆平稳起步。

右脚踩下加速踏板的限度,可以听发动机的声音,以声音增高较柔和为宜。如果加速踏板踩下过猛,发动机会出现发"闷"的吼声,说明加速过量,应稍抬加速踏板,防止发动机短期内出现高负荷,引起车辆加速过快向前冲动。如果加速踏板踩下不够,会感到车辆动力不足,应适当踩下加速踏板。如果加速踏板踩得不够而离合器踏板抬起过猛,会使发动机熄火,只能重新起步,以上3种操作都会增加油耗,关于踩加速踏板对提速和油耗的关系,一般来说踩加速踏板轻(缓加速)时,油耗较少但提速慢;踩加速踏板重(稍重)时,提速较快但费油。

汽车在坡道上起步时也要平稳起步,必须做到操纵驻车制动、离合器踏板和加速踏板的动作相互配合得当,即右手握住驻车制动操纵杆,右脚轻踩加速踏板,使发动机转速提高到中等程度,这时抬离合器踏板到半接合状态,当听到发动机声音发生变化时缓缓放松驻车制动,同时逐渐踩下加速踏板和慢抬离合器踏板,做到平稳起步。如果脚手操作配合不当,会使汽车倒退,发动机熄火,必将增加油耗。

汽车起步加速时还要做好初始挡位的选择,因为汽车起步要克服车辆的静止惯性,需要有较大的驱动力,由于发动机提供的转矩不能直接满足汽车起步的需要,就要通过在汽车变速器上选择1挡、2挡位置的减速增扭作用,可加大车轮的驱动转矩,达到提高汽车起步驱动力的目的。

汽车满载以及空载在坚实平坦的路面上可用2挡起步,既能满足汽车起步加速的动力要求,又能有效地节约燃油。当汽车起步阻力很大时,如在坑洼土路和泥泞道路,以及拖带挂车和半挂车满载起步时才采用1挡起步。

4)汽车行驶

汽车行驶过程中,随着道路状况、交通流量等具体情况的变化需要更换变速器的挡位,使驱动车轮获得所需的牵引力,以克服变化的行驶阻力,这就面临挡位选择及换挡时机的问题。

一般的变速器有四五个前进挡位和一个倒挡,其中1挡、2挡为低速挡,它的传动比大,减速增扭作用显著,主要用于汽车起步、爬陡坡等要求牵引力大的工况,但油耗大,不宜长时间使用。3挡为中速挡,是汽车由低速到高速或由高速到低速的过渡挡位,还适用于转急弯、窄路、窄桥会车和通过困难路段等工况,车速稍快,但油耗较大,仍不宜长距离行驶。4挡、5挡为高速挡,由于传动比小或直接传动,所以传递到驱动轮上的转矩较小,但车速快,是汽车在良好路面上行驶的常用挡位。

(1)汽车行驶时的换挡。汽车行驶时应及时换挡,它对油耗的影响很大。及时换挡一般有以下几方面的内容。

①汽车在平原或丘陵地带低挡起步后,在道路和交通条件良好、车速不受限制情况下,应及时逐级加挡,换入高速挡行驶,不仅可提高车速,而且节省油耗。

②汽车在坡道行驶能用相邻较高一挡时,应及时换入较高的挡位,但换入高一挡位后行驶距离很短,或车速难以升起,则应及时减挡,仍用相邻较低一级的挡位行驶。

③汽车在陡坡行驶,如坡道不长,交通条件允许,并用高速挡能够冲上坡顶的情况下,不

需减挡爬坡,尤其是柴油车在坡道上能以较高车速通过。对于较长坡道或较大陡坡道,汽车用高速挡不能爬过时,"高挡不硬撑",应及时逐级减挡,不要等汽车惯性消失才换挡,否则等于汽车在陡坡上重新起步,将增加油耗。

(2)汽车行驶中掌握好换挡时机。汽车及时换挡除了选用合适挡位外,关键是掌握好换挡时机,对节油十分重要。换挡时机一般用换挡时的车速来表示,可用距离或时间来表示。试验表明:汽车在平路上行驶必须按最佳的换挡时机自低速挡依顺序换入高速挡,超前或滞后换挡都会费油。

由于各种车型的结构不同,最佳换挡车速和距离也不同,甚至同一类型的汽车也不尽相同。具体到某一车辆就需要驾驶人自己摸索,才能逐步掌握好最佳换挡时机。

(3)汽车行驶中的换挡操作。汽车在坡道上的减挡操作相对于在平路上的换挡操作要突出一些。减挡过早是指汽车在坡道速度下降很少,甚至没有下降,还不到换挡时机就换到低一级挡位行驶,导致不能充分利用汽车惯性来克服行驶阻力,反而抑制惯性,增加阻力,造成油耗增加。减挡过迟一般是指汽车在坡道上速度下降到该减挡的时刻而没有及时减挡,推迟了换挡时机。由此可知,汽车上坡减挡的关键是既要利用汽车惯性,又不可使汽车惯性过多消失,才能做到节约燃油。

一脚离合器换挡的加挡程序是:当车辆需要提高车速而增高一级挡位时(加挡),迅速抬加速踏板,同时踩下离合器踏板,将变速杆从原挡挂入空挡稍作停顿再换入高挡,快抬离合器踏板和踩加速踏板使汽车继续行驶。减挡程序是:当车辆受到交通环境变化和坡道行驶时使车速降低,以及道路阻力增大需要减低一级挡位时,可稍抬加速踏板,同时踩下离合器踏板,将变速杆摘下后迅速换入低挡,快抬离合器踏板和踩加速踏板使汽车继续行驶。以上操作程序可以简化:抬加速踏板(减挡时稍抬),同时踩下离合器踏板;将变速杆从原挡摘下,并迅速换入新挡位(加挡时稍缓);抬起离合器踏板和踩加速踏板行车。

(4)汽车行驶速度的合理选择。控制汽车行驶速度除了确保安全地完成生产任务,也是为了节约汽车燃油和降低运输成本,合理地选择安全和节油的车速是驾驶人节油驾驶操作中最为主要的环节。

汽车行驶过程的燃油消耗,不仅取决于发动机的单位燃油消耗,还取决于汽车克服行驶阻力所需的功率。当车速低时,克服行驶阻力所需功率较小;但发动机负荷低而比油耗上升,导致油耗增加;当车速高时,发动机负荷高而比油耗下降,但车速提高克服行驶阻力所需的功率较大,超过了发动机比油耗下降的作用,也会使油耗增加,所以汽车速度较低和较高都增加油耗,只有在中间某一速度时油耗最低,这个车速称为经济车速。汽车在每个挡位行驶时,都有一个对应的油耗最低车速,这就是各挡位的经济车速。

根据国家标准测定汽车在平坦的混凝土、沥青路面上,用最高挡等速行驶油耗特性曲线中最低燃料消耗量的车速称为技术经济车速,技术经济车速仅仅是评定汽车燃料经济性的一项指标。汽车在完成客货运输生产时必须服从运输任务的要求和适应各种主、客观条件,以此运用相应的最低油耗或较低的行车速度,做到既能较好地完成运输任务,又能节约燃油,这种行车速度称为运行经济车速。它可以通过公路行驶实地测试求得,也就是汽车使用说明书提供的该车满载、最高挡和一定的运行条件下的经济车速;但是运行经济车速只是一个车速点,经验丰富的驾驶人也不可能将车速长期稳定在某个点上。为了便于做好节油驾驶操作,将经济车速前后及油耗比较低的车速划为一组,称为运行经济车速范围,具有实用意义。在一般的情况下,汽车在整个运行过程中使用最高挡位行驶在良好公路上的总行程和总油耗所占的比例相当大(70%~90%),所以用上述最高挡位车速作为汽车的运行经济车速。对于其他挡位、低级公路和山区公路的运行经济车速也可通过测试得出。

汽车在公路上行驶时,驾驶人为了节约燃油,应该根据当时的道路和路面状况、交通流量、气候风向、车辆载重等不同工况随时调整加速踏板,尽可能保持在运行经济车速范围内运行,更应尽量避免不必要的高速行车而使油耗剧增。一般来说,汽车在良好的交通条件下行驶,用最高挡和运行经济车速范围的下限行驶;当汽车行驶阻力增大,以及交通繁杂、不能用最高挡行驶时,应及时换入低挡并保持在该低挡的经济车速范围内行驶。驾驶人在生产实践中积累经验,便能做到灵活地运用好运行经济车速,创造出优良的节油效益。

三、任务实施

请参阅教材文献等资料,并结合自己体会,撰写一份2500字左右汽车节油报告。

学习测试

一、填空题

(1) 由汽车燃料消耗方程可知,汽车的燃料经济性主要取决于_____和_____。

(2) 在良好的路面上,汽车在一定车速范围内,既可以用最高挡行驶,也可以用次高挡行驶,应选用_____行驶。

(3) 变速器设置超速挡的目的是_____;所以超速挡又称_____挡。

(4) 汽车制造厂生产的某车型燃料消耗量考核指标是_____,其值必须符合国家规定的限值指标,方能通过考核。

二、判断题

(1) 汽车行驶速度越快,燃油经济性越好。 ( )
(2) 汽车拖挂运输可使汽车的百千米油耗下降,从而起到节油效果。 ( )
(3) 一般来说,道路条件越好,发动机的功率利用率越低。 ( )
(4) 汽车列车之所以能节省燃料,是由于它的百公里油耗减少了。 ( )
(5) 试验表明,一般发动机在较低的转速范围和低负荷率时,其经济性较好。 ( )
(6) 为了降低百千米耗油量,提高汽车燃料经济性,应尽量增加汽车质量,以提高负荷率。 ( )
(7) 汽车在良好路面上采用加速滑行的优越性是发动机功率利用率高和单位行驶里程油耗低。 ( )
(8) 为了提高汽车的经济性,变速器挡位设置应采用适当增加挡位数。 ( )

三、选择题

(1) 变速器挡位数增多,则(　　　　)。

A. 动力性提高,经济性提高　　　　B. 动力性提高,经济性下降
C. 动力性下降,经济性提高　　　　D. 动力性下降,经济性下降

(2)我国规定的汽车燃油经济性的综合评价指标为(　　)。
A. 等速百千米燃油消耗量　　　　B. 加速油耗
C. 循环工况百千米油耗　　　　　D. 混合油耗

四、问答题

(1)什么是等速百千米燃油消耗量?我国对汽车的燃油经济性评价是如何规定的?
(2)为什么说汽车列车运输经济性好?
(3)采用高速挡行驶为什么能够节油?
(4)为什么滑行可以节油?
(5)变速器为何设置超速挡?
(6)保持发动机良好的技术状况以利于提高燃料经济性的主要措施有哪些?
(7)汽车燃料消耗量试验方法有哪些?
(8)从使用技术方面来讲,提高燃料经济性的措施有哪些?

项目 4　汽车行驶安全性检测

学习任务 1　汽车制动性认知

1. 会分析汽车的制动过程；
2. 能说出汽车动力性评价指标；
3. 理解前后轮制动器制动力的比例对汽车制动稳定性的影响；
4. 会分析汽车动力性的主要影响因素；
5. 了解防抱死制动系统结构与基本工作原理。

一、任务分析

汽车制动性能的好坏，直接关系到汽车的行车安全和运输效率。在紧急情况下，良好的制动性能，可以化险为夷，避免交通事故；正常行驶时，良好的制动性能，可以为汽车动力性的充分发挥起保障作用，从而提高汽车的运输效率。本任务首先分析汽车的制动过程及制动时车轮的受力情况，然后在此基础上，介绍影响车轮制动时的主要因素。

二、相关知识

汽车行驶时，能在短距离内迅速停车且维持行驶方向稳定性；在下长坡时能维持一定车速；以及在坡道上能长时间保持停住的能力称为汽车的制动性。汽车的制动性直接关系到汽车的行车安全，只有保证汽车安全的前提下才能充分发挥汽车的其他使用性能，诸如提高汽车车速、汽车的机动性能等。汽车的制动性不仅取决于制动系的性能，还与汽车的操纵性能、轮胎的机械特性、道路的附着条件以及驾驶人的操作有关。

1. 汽车制动性能的评价指标

汽车制动性主要由制动效能、制动抗热衰退性和制动时汽车的方向稳定性 3 个方面来评价。

1) 制动效能

制动效能是指汽车迅速降低行驶速度直至停车的能力，是制动性能中最基本的评价指标。它是由制动力、制动减速度、制动距离和制动时间来评定。

(1) 制动力。汽车在制动过程中人为地使汽车受到一个与其行驶方向相反的外力，汽车在这一外力作用下迅速地降低车速以至停车,这个外力只能由地面和空气提供。通常空气阻力较小,起决定作用是由地面提供的制动力,称为汽车的制动力。

一般汽车是通过车轮制动器使汽车车轮受到与汽车行驶方向相反的地面切向反作用力来实行制动作用的,这个地面对车轮的切向反作用力称为地面制动力。

图 4-1 为汽车在良好的硬路面上制动时的车轮受力图。图中 T_μ 为车轮制动器的摩擦力矩,T_j 为汽车回转质量的惯性力矩,T_f 为车轮的滚动阻力矩,F 为车轴对车轮的推力,G 为车轮的垂直荷载,Z 为地面对车轮的法向反作用力。

在制动过程中滚动阻力矩 T_f、惯性力矩 T_j 相对都较小时可忽略不计。地面制动力 F_x 可写为

$$F_x = \frac{T_\mu}{r}$$

式中:r——车轮半径。

地面制动力 F_x 是汽车制动时地面作用于车轮的外力,F_x 值取决于车轮的半径与制动器的摩擦力矩 T_μ。

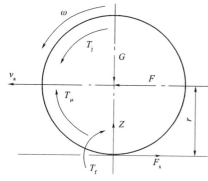

图 4-1 制动时车轮受力图

在轮胎周缘克服车轮制动器摩擦力矩所需的力称为制动器制动力 F_μ,即

$$F_\mu = \frac{T_\mu}{r}$$

式中:T_μ——车轮制动器(制动蹄与制动鼓相对滑转时)的摩擦力矩。

制动器制动力 F_μ 取决于制动器结构、形式与尺寸大小,以及制动器摩擦副摩擦因数和车轮半径。一般情况其数值与制动踏板力成正比,即与制动系的液压或气压大小呈线性关系。对于结构、尺寸一定的制动器而言,制动器制动力主要取决于制动踏板力与摩擦副的表面状况,如接触面积大小,表面有无油污等。

与驱动的情况相同,制动时地面作用给车轮的地面制动力 F_x 要受到一极限值的限制,这个极限值称为地面附着力,用符号 F_φ 表示,其大小为

$$F_\varphi = Z \cdot \varphi$$

式中:Z——地面对车轮的法向反作用力;

φ——地面的附着系数。

附着系数 φ 与路面的材料、路面状况、轮胎结构及汽车的行驶速度有关。

在不考虑附着系数变化的制动过程中,地面制动力 F_x、制动器制动力 F_μ 及附着力 F_φ 随着制动系的踏板力 F_p 的变化关系如图 4-2 所示。车辆制动时,车轮有滚动或抱死滑移两种运动状态。当制动踏板力 F_p($F_p < F'_p$)较小时,制动器摩擦力矩不大,路面与轮胎间摩擦力(即地面制动力 F_x)足以克服制动器摩擦力矩使车轮滚动。车轮滚动时的地面制动力等于制动器

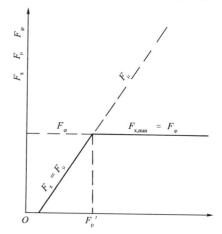

图 4-2 地面制动力、制动器制动力及附着力之间的关系

制动力(F_μ),且随踏板力F_p的增长成正比增长。但当制动踏板力$F_p = F'_p$时,地面制动力F_x等于附着力F_φ时,车轮即抱死不转而出现拖滑现象,显然,地面制动力F_x受轮胎与路面附着条件的限制,其最大值$F_{x,\max}$不可能超过附着力F_φ,即

$$F_x \leq F_\varphi = Z \cdot \varphi \quad 或 \quad F_{x,\max} = F_\varphi = Z \cdot \varphi$$

当车轮抱死而拖滑后,随着制动踏板力继续增大($F_p > F'_p$),制动器制动力F_μ由于制动器摩擦力矩的增长而直线上升,但地面制动力F_x达到极限值F_φ后不再增加。可见,地面制动力F_x首先取决于制动器制动力F_μ,但同时又受到地面附着条件(F_φ)的限制。所以,汽车制动时必须具有足够的制动器制动力(制动器摩擦力矩),同时路面又能提供高的附着力,才能获得足够的地面制动力。

由上述分析可见,制动力是评价汽车制动性能的最本质因素。制动力便于在制动试验台上测量,这种检测方法在汽车综合性能检测站广泛采用。通过制动力的检测不仅可以测得各车轮制动力的大小,还可了解汽车前、后轴制动力合理分配,以及各轴两侧车轮制动力平衡状况。若同时测得制动协调时间,便能较全面地检验车辆的制动性能。

值得指出的是,在试验台上检测车轮制动时,与车辆行驶中制动情况类似,车轮也会出现两种运动状态:一种是车轮转动状态,此时试验台将测得与制动踏板力相对应的最大车轮制动力(等于制动器制动力);另一种是车轮处于停转(试验台滚筒相对车轮轮胎滑转)状态,此时试验台测得的车轮制动力(相当于前述的地面制动力)将等于轮胎与试验台滚筒之间的附着力,这往往小于车轮制动器动力,而无法测得车轮制动器制动力的最大值,因为附着力大小是和轮胎与滚筒之间的正压力及附着系数有关。正压力与轴荷载大小及车轮在试验台上与滚筒之间的安置角有关,在实际检测时该轴荷载多半是车辆空载状态。为排除这种检测的不确切性,在《机动车运行安全技术条件》(GB 7258—2012)内规定:可通过增加相应车轴上的附加质量或作用力来获得足够的附着力。

(2)制动距离。各国对制动距离的定义不一致,在我国安全法规中,是指在指定的道路条件下,机动车在规定的初速度下急踩制动踏板时,从脚接触制动踏板(或手触动制动手柄)时起至车辆停住时止车辆驶过的距离(见 GB 7258—2012)。制动距离与行车安全有直接关系,而且最为直观。驾驶人可按预计停车地点的距离来控制制动强度,故政府职能部门通常按制动距离的要求制定安全法规。制动距离与制动过程中产生的地面制动力以及制动传动机构与制动器工作滞后时间有关,而地面制动力与检验时施加在制动踏板上的踏板力或制动系的压力(液压或气压)以及路面的附着条件有关,因此,测试制动距离时必须对制动踏板力或制动系的压力以及轮胎与路面的附着条件作出相应的规定。

(3)制动减速度。对某一具体车辆而言,制动减速度与地面制动力是等效的。因此也常用制动减速度作为评价制动效能的指标。

制动减速度j与地面制动力F_x及车辆总质量有关,以下式表示

$$j = \frac{g}{\delta G} F_x$$

式中:G——汽车总重力;

g——重力加速度;

δ——汽车回转质量换算系数。

制动减速度在制动过程中是变化的,如图 4-3 所示,当车辆制动到全部车轮抱死滑移时,汽车回转质量换算系数 δ 等于 1,而此时地面制动力 $F_x = F_\varphi = G\varphi$,由此可得最大制动减速度为

$$j_{max} = g\varphi$$

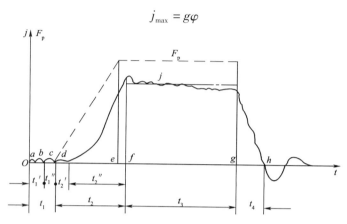

图 4-3 制动过程中制动减速度变化

通常车辆检测时用平均减速度或最大减速度作为制动效能的评价指标,在我国的安全法规中采用充分发出的平均减速度 MFDD(Mean Fully Development Deceleration)作为制动效能的评价指标,即

$$\mathrm{MFDD} = \frac{v_b^2 - v_e^2}{25.92(s_e - s_b)}$$

式中:v_b——$0.8v_0$,车辆制动的末速度,km/h;

v_e——$0.1v_0$,车辆制动的末速度,km/h;

s_b——在速度 v_0 和 v_b 之间车辆驶过的距离,m;

s_e——在速度 v_0 和 v_e 之间车辆驶过的距离,m。

v_0 为制动初速度,单位为 km/h。

2)制动时间

制动过程所经历的时间即制动时间,很少作为单纯的评价指标。但是作为分析制动过程和评价制动效能时又是不可缺少的参数。如对于同一型号的两辆汽车产生同样制动力所经历的时间不同,则两辆汽车的制动距离就可能相差较大,对行驶安全将产生不同效果,因此通常把制动时间作为一辅助的评价指标。制动过程各阶段的时间分布大致如图 4-3 所示。图中所示时间 t_1 为驾驶人反应时间,从接收需要制动的信号到脚踩到制动踏板为止,一般需 0.7~1.0s,该期间车辆按原车速继续行驶。t_2 为制动器作用时间(又称制动协调时间),该期间制动减速度逐渐增大,直至达到最大制动减速度,一般为 0.2~0.7s,主要取决于驾驶人踩制动踏板的速度和制动系统的形式和结构。t_3 为持续制动时间,该期间制动减速度基本不变。t_4 为制动释放时间,一般为 0.2~1.0s。

3)制动抗热衰退性

汽车制动抗热衰退性是指汽车高速制动、短时间重复制动或下坡连续制动时制动效能的热稳定性。制动过程实际上就是制动器产生摩擦阻力的过程,制动过程中制动器温度不断提高,制动器摩擦因数下降,制动器摩擦力矩减速小,从而使制动能力降低,这种现象称热

衰退现象。因此可以用制动器处于热状态时能否保持有冷状态时的制动效能来评价汽车制动抗热衰退性能,制动抗热衰退性是衡量制动效能恒定性的一个指标。随着高速公路的发展,汽车车速的提高,汽车制动性能的恒定性要求也愈来愈高,但由于测试方法较复杂,在一般汽车综合检测站较难实施,对于在用汽车也无需检测制动抗热衰退性。

4)制动稳定性

制动稳定性是指制动时汽车的方向稳定性。表示制动时汽车按给定轨迹行驶的能力。

汽车丧失制动稳定性通常表现为制动跑偏和车轴侧滑现象,特别是后轴侧滑,是造成交通事故的重要原因。随着现代汽车车速不断提高,汽车制动稳定性将成为影响交通安全的重要因素。

2. 制动系常见的故障

制动系常见的故障有制动失效、制动距离过长、制动跑偏、制动侧滑和制动拖滞等。

1)制动失效

如果制动系出现漏油、卡死等故障,会完全丧失制动能力。

2)制动距离过长

制动距离过长的主要原因是制动踏板自由行程太大、制动管路中有气阻、制动器摩擦片磨损等造成制动效能下降。

3)制动跑偏

汽车跑偏是指汽车制动时不能按直线方向减速或停车,而无控制地向左或向右偏驶的现象。产生制动跑偏的主要原因是汽车左右车轮制动器制动力增长快慢不一致或左右轮制动力不相等,特别是转向轮制动器制动力不相等。另外,汽车轮胎的机械特性、悬架系统的结构与刚度、前轮定位、道路状况、车辆轮荷分布状态等因素也会影响制动跑偏。为了控制制动跑偏,在安全法规中对左右车轮制动力的平衡有相应要求(见 GB 7258—2012)。

4)制动侧滑

汽车制动时出现某一轴或两轴的车轮相对地面同时发生横向移动的现象称为制动侧滑现象。汽车在制动过程中,当车轮未抱死制动时,车轮具有承受一定侧向力的能力。汽车在一般横向干扰力的作用下不会发生制动侧滑现象。当车轮抱死制动时,车轮承受侧向力的能力几乎全部丧失,汽车在横向干扰力的作用下极易发生侧滑。侧滑对汽车制动稳定性的影响将取决于发生制动侧滑的车轴位置(前轴或后轴),经理论分析与实践证明,制动时当前轮先抱死滑移,汽车能维持直线减速停车,汽车处于稳定状态,但这时汽车将丧失转向能力,对在弯道行驶的汽车也是十分危险的。若后轮比前轮提前一定时间先抱死,汽车在侧向干扰力作用下将发生急剧甩尾或旋转,使汽车丧失制动稳定性,若在高速行驶过程甚至可能产生翻车事故。

汽车制动跑偏与制动时车轮侧滑是有联系的,严重的跑偏常会引起后轮侧滑,制动时易于发生后轮侧滑的汽车也有加剧跑偏的倾向。

5)制动拖滞

汽车制动后,一旦需要解除制动时,制动装置能否迅速、彻底解除往往会影响行车安全,严重时也会造成事故。例如当车轮抱死制动而汽车有失去控制趋势时,驾驶人通过放松制动踏板不能迅速解除制动,此时汽车将可能产生侧滑而丧失制动稳定性。在行车中,若踩下制动踏板后再抬起制动踏板而不能迅速解除制动,这种现象称为制动拖滞。除上例外,一般情况下这种现象不会立即引起行车事故,但如果不及时排除其故障,将会导致制动系损坏,特别是会引起制动器过热、制动蹄片烧蚀、降低车辆制动性能、增加车辆行驶阻力,因此车轮阻滞力也应列入汽车制动性能检测项目。但需要指出的是:这里所检测的车轮阻滞力,除包含制动系的因素外,还与车轮安装有关,如轴承安装紧度、车轴变形以及车轮与试验台滚筒之间的安置等。

3. 汽车防抱死制动系统

防抱死制动装置(Anti-lock Braking System,ABS)是在制动过程中防止车轮被制动抱死系统。它是一种不仅能增加制动力,缩短制动距离,而且能防止汽车制动时跑偏和侧滑,提高汽车的方向稳定性和转向操纵能力的安全装置。

ABS 一般由轮速传感器、电子控制器和压力调节器 3 部分组成,如图 4-4 所示。

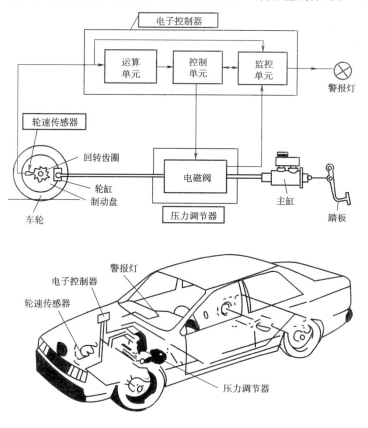

图 4-4　ABS 的组成

轮速传感器又称速度传感器,其作用是测出车轮的旋转速度,送给电子控制器。电子控制器根据车轮的旋转速度计算出车轮的滑移率 s,给压力调节器发出信号,调节制动器制动力的大小。

制动过程中,电子控制器不断分析速度传感器测出的车轮运动参数,若判断车轮即将抱死时,立即控制压力调节器,减小制动器制动力;松开制动器后,车轮转速会增加,电子控制器又控制压力调节器,增大制动器制动力。如此以每秒 10~12 次的频率增、减制动器制动力，使车轮保持在 15%~20% 的范围内工作，获得良好的制动性能。

滑移率 s 用来表示汽车制动时车轮相对地面的滑动程度。

三、任务实施

选择几种车型，根据汽车的配置评价制动性。

学习测试

一、填空题

（1）制动后，从留在路面上的印痕看，可把制动过程分为_____、_____。

（2）行车制动性能的评价指标包括_____、_____、_____。

（3）制动效能的稳定性包括_____、_____。

（4）汽车制动全过程由_____时间、_____时间、_____时间、_____时间 4 个阶段构成。

（5）决定汽车制动距离的主要因素是_____、_____、_____。

（6）汽车制动距离随制动初速度的_____、车重的_____和附着系数的_____而增长。

（7）汽车在制动过程中丧失方向稳定的情况有_____、_____、_____ 3 类。

（8）汽车的地面制动力取决于_____制动力，同时要受到地面_____条件的限制。

（9）当汽车车轮作纯滚动时，滑移率 $s =$ _____；当汽车车轮抱死时，滑移率 $s =$ _____。

（10）评价汽车制动效能的最基本指标是_____和_____，当然也可以采用_____检测汽车制动效能。

二、判断题

（1）根据《机动车运行安全技术条件》（GB 7258—2012）的规定，可以用制动距离、制动减速度和制动力评定汽车制动性能。（　　）

（2）汽车制动时的制动力取决于制动器制动力和车轮的荷载。（　　）

（3）制动器制动力取决于制动系统压力和车轮与地面间的附着力。（　　）

（4）制动试验台不仅能指示左右轮制动力，还能输出左右轮制动力的和与差值、车轮阻滞力、制动协调时间和制动释放时间，并能将检测结果与检测标准对照，作出技术状况评价。（　　）

（5）制动试验台每 2 年应接受一次设备计量检定部门的检定。（　　）

（6）汽车制动减速度是指在汽车规定的初速度下急踩制动踏板时，汽车速度在单位时间内降低的程度。（　　）

三、选择题

（1）汽车制动效能的评价指标主要有制动力、制动距离和制动减速度等，《机动车运行安全技术条件》(GB 7258—2012)规定,当( )即判为合格。

A. 3个指标中只要其中之一合格　　B. 3个指标中只要其中2个合格

C. 3个指标全部符合要求　　D. 以上都不是

(2)制动协调时间包括( )。

A. 消除制动拉杆、制动鼓间隙时间

B. 部分制动力增长过程所需时间

C. 制动器作用时间阶段的全部,要求单车不超过0.6s

D. 制动器作用时间阶段的一部分,要求单车不超过0.6s

四、问答题

(1)制动跑偏和制动侧滑之间有何区别和联系?

(2)汽车制动跑偏是由哪些原因造成的?

(3)为什么前轮先抱死不易产生剧烈侧滑,后轮先抱死易产生"甩尾"现象?

学习任务2　汽车制动性检测

1. 能正确使用制动试验台进行汽车制动性能的台架检测;
2. 能进行汽车制动性能的道路检测;
3. 能根据检测结果分析制动不合格原因。

一、任务分析

制动性能是汽车的重要使用性能之一,对汽车制动性能的检测和故障诊断尤为重要,因此,无论是新车出厂检测,还是在用车辆,都将其作为重点检测项目之一。

制动性检测什么,用什么方法检测,用什么样的参数检测,检测参数限值取值多少,是保障车辆制动系完好技术状况的技术基础。在用车制动性检测,执行《机动车安全运行技术条件》(GB 7258—2012)强制性国家标准。当前采用的制动性测试方法可分为道路试验检测法(路试检测法)或台架试验检测法(台试检测法)。路试检测只能在室外进行,台试检测是在室内进行,两者的检测条件(检测的环境条件、检测工况、驾驶操作等)差异明显,两种检测法检测的同一辆车的同一参数的数值可有大、小之差,却无好、次之分,两者不具可比性。

二、相关知识

1. 制动性能道路试验检测设备

根据《机动车运行安全技术条件》(GB 7258—2012)的规定,道路试验主要通过检测制动距离、充分发出的平均减速度等参数来检测汽车行车制动和应急制动性能；用坡道试验检测汽车驻车制动性能。

在道路试验中检测车辆的整车性能时，经常要使用第五轮仪，可以测出车辆行驶的距离、时间和速度。当第五轮仪用于检测车辆的制动性能时，能测出制动距离、制动时间和制动初速度。

在进行车辆道路试验时，为了测量车辆的行程和速度，虽然可以利用汽车的里程表和速度表，但这种方法不准确。因为车辆驱动轮的滚动半径直接受着驱动力矩、地面对轮胎的切向反作用力、车轴荷载、轮胎气压及磨损程度等因素的影响。此外，车用里程表和速度表本身的精度也较低。为了消除这些因素对测量精度的影响，在车辆旁边附加一个测量用的轮子，故称第五轮仪。

第五轮仪分接触式和非接触式两种，接触式第五轮仪，应用较多的是单片机采控的第五轮仪，如图4-5所示。由第五轮仪、传感器、二次仪表（信号处理、记录、显示等）及安装机架等部分组成。

图4-5　第五轮仪

非接触式第五轮仪以计算机为核心部件，配以相应的I/O接口及外设，不需要路面接触或设置任何测量标志，采用光电相关滤波技术，安装在车上的光电路面探测器（简称光电头）照射路面，把路面图像变换为频率信号，用于汽车动力性、制动性和燃油经济性能的测试。如图4-6所示。

图4-6　非接触式第五轮仪

（1）传感器部分。接触式第五轮仪传感器主要包括第五轮和安装在轮架上的磁电传感器和齿轮盘，如图4-7所示。当第五轮转动时，由于磁电传感器磁场强度发生变化，致使传感器内线圈产生交变信号，通过整形电路，将连续的脉冲信号送入二次仪表，通过计数器，便可知行驶距离。在测试过程中，通过检测脉冲周期，便可得出瞬时车速。非接触式第五轮仪传感器主要由一个系统和电池组成，如图4-8所示。光电路面探测器通过光电池将移动的路面图像转换为宽带随机信号，其主频与车速成正比关系，通过空间滤波器将与车速成正比的主频检出,送入二次仪表进行速度运算和距离计数。

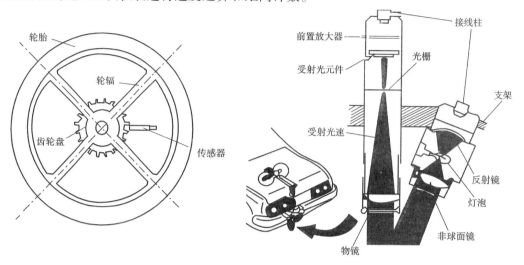

图 4-7 接触式第五轮仪传感器　　　　图 4-8 非接触式第五轮仪传感器

（2）记录部分。如图 4-9 所示,接触式第五轮仪由电感式行程传感器 1 发出汽车行程的信号,一般一个信号等于汽车行驶 1cm 行程。石英晶体振荡器 2 发出时间信号,作为采样时间标准控制门控 3,由计数译码器计数,用数码管 5 显示一定时间间隔内汽车的行程,既该段时间中的平均速度。时间间隔一般为 36ms。除可用数码管显示车速外,也能经过数模转换 6,将数字变量的模拟量（电压）输至磁带记录仪,在加速性能试验中,即可由数字显示读得加速时间的数值,也能用磁带记录仪记录整个加速过程,试验完毕后,X-Y 记录仪可直接得到加速行程曲线,如图 4-10 所示。

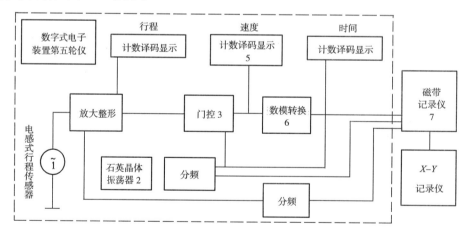

图 4-9 第五轮仪的数字电子装置框图

当选择完相应的功能键,并检查、设置传感器系数后按下开始键,在试验过程中即可打印试验过程,也可打印试验曲线,使用方法可见使用说明书。

2. 制动性能台架试验检测设备

在用车制动性的年检量大且面广,要求检测作业准确而快速。路试检测制动性需要在受检车上装卸测试仪器,费时费事、效率低。因此,在用车辆制动性年检都是采用台试检测法,路试检测只是在必要时用来验证台试结果的可靠性。

根据《机动车运行安全技术条件》(GB 7258—2012)的规定,台试检测法主要通过检测制动力、汽车的制动协调时间、汽车车轮阻滞力和制动完全释放时间等参数来检测汽车行车制动和应急制动性能;用驻车制动力检测汽车驻车制动性能。

目前国内汽车综合性能检测站所用制动检测设备多为反力式滚筒制动检测台和平板式制动检测台。

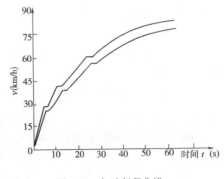

图4-10 加速行程曲线

1)反力式滚筒制动检测台

反力式滚筒制动检验台的结构简图如图4-11所示。它由结构完全相同的左右两套对称的车轮制动力测试单元和一套指示、控制装置组成。每一套车轮制动力测试单元由框架(多数试验台将左、右测试单元的框架制成一体)、驱动装置、滚筒组、举升装置、测量装置等构成。

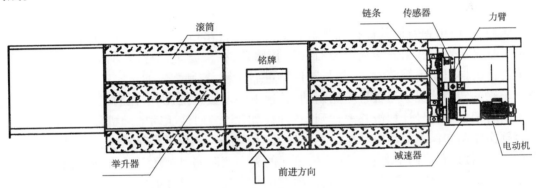

图4-11 反力式制动检验台结构简图

驱动装置由电动机、减速器和链传动组成。电动机经过减速器减速后驱动主动滚筒,主动滚筒通过链传动带动从动滚筒旋转。减速器输出轴与主动滚筒同轴连接或通过链条、传动带连接,减速器壳体为浮动连接(即可绕主动滚筒轴自由摆动)。减速器的作用是减速增扭,其减速比根据电动机的转速和滚筒测试转速确定。由于测试车速低,滚筒转速也较低,一般为40~100r/min(日式检验台转速则更低,甚至低于10r/min)。因此要求减速器减速比较大,一般采用两级齿轮减速或一级蜗轮蜗杆减速与一级齿轮减速。

每一车轮制动力测试单元设置一对主、从动滚筒,每个滚筒的两端分别用滚筒轴承与轴承座支撑在框架上,且保持两滚筒轴线平行。滚筒相当于一个活动的路面,用来支撑被检车辆的车轮,并承受和传递制动力。汽车轮胎与滚筒间的附着系数将直接影响制动检验台所能测得的制动力大小。为了增大滚筒与轮胎间的附着系数,滚筒表面都进行了相应加工与处理,目前采用较多的有下列5种:

(1)开有纵向浅槽的金属滚筒。在滚筒外圆表面沿轴向开有若干间隔均匀、有一定深度的沟槽。这种滚筒表面附着系数最高可达0.65。当表面磨损且沾有油、水时附着系数将急剧下降。为改进附着条件,有的制动台表面进一步作拉花和喷涂处理,附着系数可达0.75以上。

(2)表面粘有熔烧铝矾土砂粒的金属滚筒。这种滚筒表面无论干或湿时其附着系数可达0.8以上。

(3)表面具有嵌砂喷焊层的金属滚筒。喷焊层材料选用NiCrBSi自熔性合金粉末及钢砂,这种滚筒表面新的时候其附着系数可达0.9以上,其耐磨性也较好。

(4)高硅合金铸铁滚筒。这种滚筒表面带槽、耐磨,附着系数可达0.7~0.8,价格便宜。

(5)表面带有特殊水泥覆盖层的滚筒。这种滚筒比金属滚筒表面耐磨,表面附着系数可达0.7~0.8,但表面易被油污与橡胶粉粒附着,使附着系数降低。

滚筒直径与两滚筒间中心距的大小,对检验台的性能有较大影响。滚筒直径增大有利于改善与车轮之间的附着情况,增加测试车速,使检测过程更接近实际制动状况,但必须相应增加驱动电动机的功率。而且随着滚筒直径增大,两滚筒间中心距也需相应增大,才能保证合适的安置角,这样使检验台结构尺寸相应增大,制造要求提高。依据实际检测的需要,推荐使用直径为245mm左右的制动台。

有的滚筒制动检验台在主、从动滚筒之间设置一直径较小,既可自转又可上下摆动的第三滚筒,平时由弹簧使其保持在最高位置。而在许多设置有第三滚筒的制动检验台上取消了举升装置。在第三滚筒上装有转速传感器,在检验时,被检车辆的车轮置于主、从动滚筒上的同时压下第三滚筒,并与其保持可靠接触,控制装置通过转速传感器即可获知被测车轮的转动情况。当被检车轮制动,转速下降至接近抱死时,控制装置根据转速传感器送出的相应电信号计算滑移率达到一定值(如25%)时使驱动电动机停止转动,以防止滚筒剥伤轮胎和保护驱动电动机。第三滚筒除了上述作用外,有的检验台上还作为安全保护装置用,只有当两个车轮制动测试单元的第三滚筒同时被压下时,检验台驱动电动机电路才能接通,但依靠第三滚筒控制自动停机绝非唯一或最佳的方法,目前也已有其他方法出现。

制动力测试装置主要由测力杠杆和传感器组成。测力杠杆一端与传感器连接,另一端与减速器壳体连接,被测车轮制动时测力杠杆与减速器壳体将一起绕主动滚筒(或绕减速器输出轴、电动机枢轴)轴线摆动。传感器将测力杠杆传来的、与制动力成比例的力(或位移)转变成电信号输送到指示、控制装置。传感器有应变测力式、自整角电动机式、电位计式、差动变压器式等多种类型。早期的日式制动试验台多采用自整角电动机式测量装置,而欧式以及近期国产制动检验台多采用应变测力式传感器。

为了便于汽车出入制动检验台,在主、从动滚筒之间设置有举升装置,该装置通常由举升器、举升平板和控制开关等组成。举升器常用的有气压式、电动螺旋式、液压式3种形式,气压式是用压缩空气驱动汽缸中的活塞或使气囊膨胀完成举升作用;电动螺旋是由电动机通过减速器带动丝母转动,迫使丝杠轴向运动起举升作用;液压式是由液压举升缸完成举升动作。有些带有第三滚筒的制动检验台未装举升装置。

目前制动试验台控制装置大多数采用电子式,为提高自动化与智能化程度,有的控制装置中配置计算机。指示装置有指针式和数字显示式两种,带计算机的控制装置多配置数字显示器,但也有配置指针式指示仪表的。

进行车轮制动力检测时,被检汽车驶上制动试验台,车轮置于主、从动滚筒之间,放下举升器(或压下第三滚筒,装在第三滚筒支架下的行程开关被接通)。通过延时电路起动电动机,经减速器、链传动和主、从动滚筒带动车轮低速旋转,待车轮转速稳定后,驾驶人踩下制动踏板,车轮在车轮制动器的摩擦力矩作用下开始减速旋转。此时电动机驱动的滚筒对车轮轮胎周缘的切线方向作用制动力以克服制动器摩擦力矩,维持车轮继续旋转。与此同时车轮轮胎对滚筒表面切线方向附加一个与制动力方向反向等值的反作用力,在反作用力矩作用下,减速器壳体与测力杠杆一起朝滚筒转动相反方向摆动(图4-12),测力杠杆一端的力或位移量经传感器转换成与制动力大小成比例的电信号。从测力传感器送来的电信号经放大滤波后,送往 A/D 转换器转换成相应数字量,经计算机采集、储存和处理后,检测结果由数码显示或由打印机打印出来。打印格式或内容由软件设计而定,一般可以把左、右轮最大制动力、制动力和、制动力差、阻滞力和制动力—时间曲线等一并打印出来。

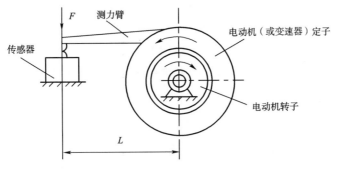

图 4-12　制动力测试原理图

由于制动力检测技术条件要求是以轴制动力占轴荷的百分比来评判的,对总质量不同的汽车来说是比较客观的标准。为此除了设置制动检验台外,还必须配置轴重计或轮重仪,有些复合式滚筒制动试验台装有轴重测量装置。其称重传感器(应变片式)通常安装在每一车轮测试单元框架的 4 个支撑脚处。

《机动车运行安全技术条件》(GB 7528—2012)中定义制动协调时间是从驾驶人踩下制动踏板的瞬间作为起始计时点,为此,在制动测试过程中必须由驾驶人通过套装在汽车制动踏板上的脚踏开关向试验台指示、控制装置发出一个"开关"信号,开始时间计数,直至制动力与轴荷之比达到标准规定值的 75% 时瞬间为止。这段时间历程即为制动协调时间,通常可以通过检验台的计算机执行相应程序来实现。

目前,采用的反力式滚筒制动检验台对具有防抱死制动系统(ABS)的汽车制动系的制动性能,还无法进行准确的测试。主要原因是这些试验台的测试车速较低,一般不超过5km/h,而现代防抱死制动系统均在车速 10～20km/h 以上起作用,所以在上述试验台上检测车轮制动力时,车辆的防抱死制动系统不起作用,只能相当于对普通的液压制动系统的检测过程。

有的反力式滚筒制动试验台可以选择每一车轮制动力测试单元的滚筒旋转方向,两个测试单元的滚筒既可同向正转、同向反转,又可以一正一反。具有这种功能的试验台可以检测多轴汽车并装轴（如二轴汽车的中轴和后轴，其间设有轴间差速器）的制动力。测试时使左、右车轮制动测试单元的滚筒转动方向一正一反，只采集正转时的制动力数据，这样可以省去试验台前、后设置自由滚筒装置。这是因为驱动轴内有轮间差速器的作用，当左、右车轮反向等速旋转时差速器壳与主减速器将不会转动。所以当被检测轴车轮被滚筒带动时，另一在试验台外的驱动轴将不会被驱动。而对于装有轴间差速器的双后轴汽车可在一般的反力式滚筒制动台上逐轴测试每车轴的车轮制动力。

2）平板式制动检测台

平板式制动试验台是20世纪80年代发展起来的一种新型的制动检测设备，它能够在实际紧急制动过程中测定汽车前后轴制动力，能够比较客观地反映汽车制动器产生制动力的大小。

平板制动台主要由几块测试平板、传感器和数据采集系统等组成。小车线一般由4块制动—悬架—轴重测试用平板及1块侧滑测试板组成。数据采集系统由力传感器、放大器、多通道数据采集板等组成，如图4-13所示。

检验时汽车以5～10km/h（或按出厂说明允许更高）速度驶上平板，如图4-14所示，当前、后轮分别驶达平板后，控制系统指示驾驶人急踩制动踏板，车轮制动器产生的制动力使车轮在平板上产生一个与车轮制动力 F_{xb} 大小相等方向相反的作用力 F_1，推动平板沿纵向位移，经传感器测出各车轮的制动力并由数据采集系统处理计算出轮重、制动及悬架性能的各参数值，并显示检测结果。

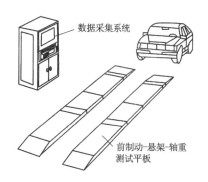

图4-13 平板式制动试验台结构图

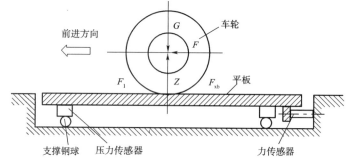

图4-14 平板式制动试验台原理图

三、任务实施

1. 台试制动性能检测方法

1）反力式滚筒制动试验台使用方法

（1）检验前仪器及车辆准备：

①检验台滚筒表面清洁，无异物及油污，仪表清零。

②车辆轮胎气压、花纹深度符合标准规定，胎面清洁。

③将踏板力计装到制动踏板上。

（2）检验程序：

①车辆正直居中驶入，将被测轮停放在制动台前后滚筒间，变速器置于空挡。

②降下举升器、起动电动机2s后,保持一定采样时间(5s),测得阻滞力。

③检验员在显示屏提示踩制动踏板后,缓踩制动踏板到底(对欧式制动台而言,若是日式制动台,需急踩制动踏板到底)后松开,测得左、右轮制动增长全过程数值。

④若检验驻车制动,则拉紧驻车制动操纵装置,测得驻车制动力数值。

⑤电动机停转,举升器升起,被测轮驶离。

⑥按以上程序依此测试其他车轴。

⑦卸下踏板力计,车辆驶离。

注意:车辆进入检验台时,轮胎不得夹有泥、砂等杂物,除驾驶人外不得有其他乘员;测制动时不得转动转向盘;在制动检验时,车轮如在滚筒上抱死,制动力未达到要求时,可换用路试或其他方法检验。

空载检验时对气压制动系而言,气压表的指示气压≤600kPa;对液压制动系而言,踏板力,乘用车≤400N,其他机动车≤450N。

2)平板式制动检测台使用方法

(1)检验前仪器及车辆准备:

①检验台滚筒表面清洁,无异物及油污,仪表清零。

②车辆轮胎气压、花纹深度符合标准规定,胎面清洁。

③将踏板力计装到制动踏板上。

(2)检验程序:

①对于行车制动,引车员根据提示,以5~10km/h(或按出厂说明允许更高)速度驶上平板,置变速器于空挡并紧急制动。

②系统将给出行车制动测试结果及悬架效率。

③对于驻车制动,车辆继续前进,等后轮驶上前面的平板时(实际操作以设备说明书规定方法为准),置变速器于空挡并驻车制动。

④系统将给出驻车制动测试结果。

平板式试验台结构简单、运动件少、用电量少、日常维护工作量小,提高了工作可靠性。该试验台不需要模拟汽车转动惯量,较容易将制动试验台与轮重仪、侧滑仪组合在一起,可检测制动、轮荷、悬架、侧滑4项参数,提高了检测效率。由于测试过程与实际路试条件较接近,能反映车辆的实际制动性能,除了能反映制动时轴荷转移带来的影响外,还能够反映汽车悬架结构、刚度等对汽车制动性能的影响。

由于驾驶人的操作状况的变化明显,影响动态检测工况的稳定性,平板制动台重复性差,对不同轴距车辆适应性差,占地面积大、需要助跑车道。

3)台试制动性能检测标准限值

(1)行车制动性能检验:

①制动力的要求。对空载检验制动力有质疑时,可用表4-1规定的满载检验制动力要求进行检验。

②制动力平衡要求。在制动力增长全过程中同时测得的左右轮制动力差的最大值,与全过程中测得的该轴左右轮最大制动力中大者(当后轴及其他轴,制动力小于该轴轴荷的60%时为与该轴轴荷)之比,对新注册车和在用车应分别符合表4-2的要求。

台试检验制动力要求 表 4-1

机动车类型	制动力总和与整车质量的百分比(%)		轴制动力与轴荷的百分比(%)	
	空载	满载	前轴	后轴
三轮汽车	≥45		—	≥60
乘用车、总质量不大于3 500kg 的货车	≥60	≥50	≥60	≥20
其他汽车、汽车列车	≥60	≥50	≥60	—

注：1. 用平板制动检验台检验乘用车时应按左右轮制动力最大时刻所分别对应的左右轮动态轮荷之和计算。
  2. 机动车(单车)纵向中心线中心位置以前的轴为前轴，其他轴为后轴；挂车的所有车轴均按后轴计算；用平板制动试验台测试并装轴制动力时，并装轴可视为一轴。
  3. 空载和满载状态下测试均应满足此要求。
  4. 满载测试时后轴制动力百分比不做要求；空载用平板制动检验台检验时应大于或等于35%；总质量大于 3500kg 的客车，空载用反力滚筒式制动试验台测试时应大于或等于40%，用平板制动检验台检验时应大于或等于30%。

台试检验制动力平衡要求 表 4-2

机动车类型	前轴	后轴(及其他轴)	
		轴制动力大于或等于该轴轴荷60%时	制动力小于该轴轴荷60%时
新注册车	≤20%	≤24%	≤8%
在用车	≤24%	≤30%	≤10%

③汽车的制动协调时间。对液压制动的汽车不应大于 0.35s，对气压制动的汽车不应大于 0.60s；汽车列车和铰接客车、铰接式无轨电车的制动协调时间不应大于 0.80s。

④汽车车轮阻滞力要求。进行制动力检验时，汽车、汽车列车各车轮的阻滞力均应小于或等于轮荷的 10%。

(2)驻车制动性能检验。当采用制动检验台检验汽车和正三轮摩托车驻车制动装置的制动力时，机动车空载，乘坐一名驾驶人，使用驻车制动装置，驻车制动力的总和不应小于该车在测试状态下整车质量的 20%(对总质量为整备质量 1.2 倍以下的机动车为不小于 15%)。

(3)汽车制动完全释放时间。从松开制动踏板到制动消除所需要的时间不应大于 0.80s。

2. 道路试验检测方法

行车制动性能和应急制动性能检验应在平坦(纵向坡度不大于1%)、硬实、清洁、干燥且轮胎与地面间的附着系数不小于 0.7 的混凝土或沥青路面上进行。检验时发动机应脱开。驻车制动试验应在坡度为 20%(对总质量为整备质量的 1.2 倍以下的机动车为 15%)、轮胎与路面间的附着系数不小于 0.7 的坡道上进行。

在试验路面上应画出标准中规定的制动稳定性要求相应宽度试车道的边线。被测车辆沿着试验车道的中线行驶至高于规定的初速度后，置变速器于空挡。当滑行到规定的初速度时急踩制动踏板，使车辆停住。

用速度计、第五轮仪或用其他测试方法测量车辆的制动距离。

用速度计、制动减速度仪或用其他测试方法测量车辆充分发出的平均减速度（MFDD）与制动协调时间。充分发出的平均减速度应在测得公式（MFDD）中相关参数后计算确定。

路试制动性能检测标准限值要求如下。

1）制动距离和制动稳定性要求

汽车在规定的初速度下的制动距离和制动稳定性要求应符合表4-3规定。对空载检验的制动距离有质疑时,可用表4-3规定的满载检验制动距离要求进行。

制动距离和制动稳定性要求　　　　　表4-3

机动车类型	制动初速度（km/h）	满载检验制动距离要求（m）	空载检验制动距离要求（m）	试验通道宽度（m）
乘用车	50	≤20.0	≤19.0	2.5
总质量不大于3 500kg的低速货车	30	≤9.0	≤8.0	2.5
其他总质量不大于3 500kg的汽车	50	≤22.0	≤21.0	2.5
其他汽车、汽车列车	30	≤10.0	≤9.0	3.0

制动距离：是指机动车在规定的初速度下急踩制动踏板时,从脚接触制动踏板（或手触动制动手柄）时起至机动车停住时止机动车驶过的距离。

制动稳定性要求：是指制动过程中机动车的任何部位（不计入车宽的部位除外）不允许超出规定宽度的试验通道的边缘线。

2）充分发出的平均减速度及制动稳定性要求

汽车、汽车列车在规定的初速度下急踩制动踏板时充分发出的平均减速度及制动稳定性要求应符合表4-4的规定,且制动协调时间对液压制动的汽车不应大于0.35s,对气压制动的汽车不应大于0.60s,对汽车列车、铰接客车和铰接式无轨电车不应大于0.80s。对空载检验的充分发出的平均减速度有质疑时,可用表4-4规定的满载检验充分发出的平均减速度进行。

制动协调时间是指在急踩制动踏板时,从脚接触制动踏板（或手触动制动手柄）时起至机动车减速度（或制动力）达到表4-3规定的机动车充分发出的平均减速度（或表4-4所规定的制动力）的75%时所需的时间。

制动减速度和制动稳定性要求　　　　　表4-4

机动车类型	制动初速（km/h）	满载检验充分发出的平均减速度（m/s²）	空载检验充分发出的平均减速度（m/s²）	试验通道宽度（m）
乘用车	50	≥5.9	≥6.2	2.5
总质量不大于3500kg的低速货车	30	≥5.2	≥5.6	2.5
其他总质量不大于3500kg的汽车	50	≥5.4	≥5.8	2.5
其他汽车、汽车列车	30	≥5.0	≥5.4	3.0

3）进行制动性能检验时的制动踏板力或制动气压要求

（1）满载检验时：

气压制动系：气压表的指示气压≤额定工作气压；

液压制动系：乘用车踏板力≤500N；其他机动车踏板力≤700N。

（2）空载检验时：

气压制动系：气压表的指示气压≤600kPa；

液压制动系：乘用车踏板力≤400N；其他机动车踏板力≤450N。

4）应急制动性能检验

汽车（三轮汽车除外）在空载和满载状态下，按表4-5所列初速度进行应急制动性能检验，应急制动性能应符合表4-5的要求。

表4-5 应急制动性能要求

机动车类型	制动初速度（km/h）	制动距离（m）	充分发出的平均减速度（m/s²）	允许操纵力不应大于（N）	
				手操纵	脚操纵
乘用车	50	≤38.0	≥2.9	400	500
客车	30	≤18.0	≥2.5	600	700
其他汽车（三轮汽车除外）	30	≤20.0	≥2.2	600	700

5）驻车制动性能要求

在空载状态下，驻车制动装置应能保证机动车在坡度为20%（对总质量为整备质量的1.2倍以下的机动车为15%）、轮胎与路面间的附着系数不小于0.7的坡道上正、反两个方向保持固定不动，其时间不应少于5min。对于允许挂接挂车的汽车，其驻车制动装置必须能使汽车列车在满载状态下时能停在坡度为12%的坡道上（坡道上轮胎与路面间的附着系数不应小于0.7）。

驻车制动应通过纯机械装置把工作部件锁止，并且驾驶人施加于操纵装置上的力：手操纵时，乘用车不应大于400N，其他机动车不应大于600N；脚操纵时，乘用车不应大于500N，其他机动车不应大于700N。

3．制动性能检测结果分析

（1）各车轮制动力均偏低：主要原因为制动踏板自由行程太大，制动液中有空气或制动液变质，制动主缸故障，真空助力器或液压助力系统有故障。

（2）同制动回路两车轮制动力均偏小：该回路中有空气或轮缸、管路漏油，也可能主缸中相应主腔密封不良。

（3）单个车轮制动力偏小：该车轮制动器有故障。

（4）若后轴车轮均存在制动力偏小，可能是感载比例阀故障，也可能是制动力分配系统设计原因。

（5）制动力平衡不合格的原因：除以上（2）、（3）原因外，两侧制动器间隙不一致、轮毂圆度、轮胎花纹、磨损程度、气压不一致也是原因之一。

（6）各车轮阻滞力都超限的主要原因：制动主缸卡滞；制动踏板自由行程调整不当；制动

踏板传动机构卡滞;由于加了错误型号的制动液造成制动缸内皮碗膨胀卡滞。

(7)个别车轮阻滞力超限原因:制动轮缸回位不良;车轮制动器间隙调整过小;制动蹄复位弹簧故障;驻车制动机构卡滞。

(8)各车轮制动协调时间过长的原因:制动踏板自由行程过大;车轮制动器间隙过大。

(9)驻车制动不合格原因:驻车制动调整不良;驻车制动机构因长期不用造成锈蚀卡滞。

学习测试

一、填空题

(1)在汽车制动力增长全过程中,左右轮制动力差与该轴左右轮中制动力大者之比对前轴应_____;对后轴应_____。

(2)进行制动力检验时各车轮的阻滞力均不应大于车轮所在轴轴荷的_____。

(3)在使用平板式制动检测台检验时,汽车以_____(或按出厂说明允许更高)速度驶上平板。

(4)驻车制动不合格原因_____和_____。

二、判断题

(1)台试检验时,乘用车、总质量不大于3500kg的货车的制动力总和与整车重力的百分比,空载时应≥80%。（　　）

(2)台试检验时,乘用车、总质量不大于3500kg的货车的制动力总和与整车重力的百分比,满载时应≥70%。（　　）

(3)台试检验制动力时,在制动力增长全过程中,左右轮制动力差与该轴左右轮中制动力大者之比,对后轴(及其他轴)在轴制动力不小于该轴轴荷的60%时不应大于24%。（　　）

(4)台试检验时,乘用车、总质量不大于3500kg的货车的轴制动力与轴荷的百分比,前轴应≥80%。（　　）

(5)台试检验时,乘用车、总质量不大于3500kg的货车的轴制动力与轴荷的百分比,后轴应≥50%。（　　）

(6)台试检验制动力时,在制动力增长全过程中,左右轮制动力差与该轴左右轮中制动力大者之比,对前轴不应大于40%。（　　）

(7)台试检验制动力时,在制动力增长全过程中,当后轴(及其他轴)轴制动力小于该轴轴荷的60%时,同时测得的左右轮制动力差的最大值不应大于该轴轴荷的8%。（　　）

(8)台试检验制动力时,车轮阻滞力是指行车和驻车制动装置处于完全释放状态,变速器在空挡位置时,试验台驱动车轮所需的作用力,汽车各车轮的阻滞力不得大于该轴轴荷的30%。（　　）

(9)当采用制动试验台检查车辆驻车制动力时,车辆空载,乘坐一名驾驶人,使用驻车制动装置,驻车制动力的总和应不小于该车在测试状态下整车重力的20%;对总质量为整备质量1.2倍以下的汽车,此值应不小于30%。( )

(10)台试检验制动力时,液压制动的汽车制动协调时间不应大于0.35s。( )

(11)台试检验制动力时,气压制动的汽车制动协调时间不应大于0.60s。( )

(12)路试检测驻车制动性能时,在空载状态下,驻车制动装置应能保证车辆在坡度为20%(总质量为整备质量的1.2倍以下的车辆为15%)、轮胎与路面间的附着系数≥0.7的坡道上,正、反两个方向保持固定不动的时间应≥5min。( )

(13)路试检测乘用车制动距离时,制动初速度为50km/h,空载时的制动距离应≤15m。( )

(14)路试检测总质量≤3500kg的低速货车制动距离时,制动初速度为30km/h,空载时的制动距离应≤10m。( )

(15)《机动车运行安全技术条件》(GB 7258—2012)规定,制动力、制动距离和制动减速度3个指标中只要其中之一不符合要求,即判定制动性能为不合格。( )

(16)液压制动系各车轮制动力均偏低,主要原因为制动踏板自由行程太大,制动液中有空气或变质,制动主缸有故障,增压器或助力器效能不佳或失效。( )

(17)液压制动系统的制动协调时间比气压制动短。( )

三、选择题

(1)路试应在平坦、坚实、清洁、干燥的混凝土或沥青路面上进行,并且轮胎与地面的附着系数应不小于( )。

  A.0.4   B.0.5   C.0.6   D.0.7

(2)GB 7258—2012规定,普通汽车制动协调时间应不大于( ),汽车列车制动协调时间应不大于0.8s。

  A.0.4s   B.0.5s   C.0.6s   D.0.7s

(3)阻滞力是指在解除制动后,仍存在的残余制动阻力。按GB 7258—2012规定,各车轮的阻滞力均不得大于该轴轴荷的( )。

  A.5%   B.8%   C.10%   D.15%

(4)平板式制动试验台检测时,车辆以( )的车速驶上测试平板并进行紧急制动。

  A.5%   B.8%   C.15%   D.24%

(5)反力式制动试验台( )应检查调整传动带和链条松紧度一次,并视需要进行更换。

  A.每月   B.每年   C.每半年   D.每周

四、问答题

(1)简述反力式滚筒制动试验台与平板式制动试验台的测试原理,其两者的主要区别是什么?

(2)在反力式滚筒制动试验台上测制动力时,车轮处于滚动状态与处于抱死状态的制动力有何区别?为保证检测的准确性可采取哪些措施?

(3)制动性路试检验的项目有哪些?制动性台试检验的项目有哪些?它们的技术要求是什么?

学习任务3　汽车车轮平衡检测

1. 理解车轮不平衡的危害及影响因素；
2. 理解车轮平衡仪的结构和工作原理；
3. 掌握车轮平衡仪的使用方法；
4. 会正确使用车轮平衡仪进行车轮动平衡的检测。

一、任务分析

随着高速公路和城市道路立交系统的兴建,过去被道路因素所制约的汽车高速能力得到了充分的发挥,但在运输效率和交通秩序得到相应改善的同时,长期掩盖在低速行驶工况下的一些机构装置的隐患也逐渐暴露出来。在众多的弊端中,车轮不平衡的危害当属突出现象之一。因不平衡的车轮不仅加剧轮胎的磨损,而且也必然殃及转向系、行驶系和传动系,同时也是全车振动的激振源。车轮的平衡与否和汽车的平顺性、操纵性、安全性息息相关,这已成为人们的共识。这就要求讨论它的成因及危害,并在维修和检测作业过程中正确测定其不平衡的量值和相位,以便实施有效的平衡方法。

二、相关知识

轮胎有静不平衡和动不平衡,在车辆的行驶或轮胎的维护、修理过程中,需检查有无不规则的磨损,车轮的平衡维护都是必须做的工作。检测车轮平衡常用的工具有离车式车轮动平衡仪,其所用的原理是动不平衡原理;还可用就车式车轮动平衡仪,它是利用静不平衡的原理来进行检测。

1. 车轮不平衡的危害

1) 车轮的不平衡

汽车车轮是高速旋转的零部件,如其质心与旋转中心不重合,则会产生静不平衡,如图4-15a)所示。静不平衡时,不平衡质量会在车轮旋转时产生离心力,因此静不平衡时会导致动不平衡。离心力的大小与不平衡质量、不平衡点与车轮旋转中心之间的距离和车轮转速有关。其大小可用下式表示：

$$F = mr\omega^2 = mr(2\pi n)^2$$

式中：F——离心力；

　　m——车轮质量；

　　r——车轮质心离旋转中心的距离；

ω——车轮旋转角速度 $\omega = 2\pi n$；

n——车轮转速。

从上式可以看出，离心力 F 的大小与车轮转速的平方成正比。因此车轮在高速旋转时产生的离心力是很危险的。

由于车轮具有一定的宽度，当车轮质量分布相对于车轮纵向中心面不对称时，会造成车轮的动不平衡，如图 4-15b) 所示。车轮动不平衡时，虽然不平衡质量产生的离心力可以相互抵消，但力矩不为零，造成附加荷载。

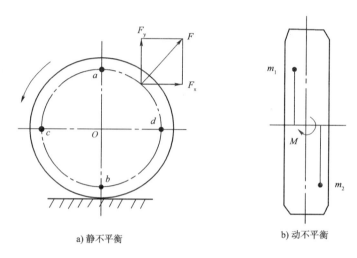

图 4-15 车轮的不平衡

2) 车轮不平衡的影响因素

（1）质心分布不均匀。如轮胎产品质量欠佳、翻新胎、补胎、胎面磨损不均匀以及在内外胎之间垫带位置不对等。

（2）轮辋、制动鼓变形。

（3）轮毂与轮辋加工质量不佳，如中心不准、轮胎螺栓孔分布不均、螺栓质量不佳等。

（4）安装位置不正确，如内胎充气嘴位置不符合安装要求等。

3) 车轮动不平衡的危害

不平衡质量在高速旋转时所形成的离心力 F 在水平方向的分力 F_h 将牵动转向轮左右摆动，影响汽车操纵的稳定性，甚至诱发汽车摇头或转向盘抖动，如图 4-16 所示。

不平衡质量在高速旋转时所形成的离心力 F 在垂直方向的分力 F_v 是激发车身角振动的主要干扰力，不仅会激发强烈振动和噪声，而且由于车轮的跳振而加剧轮胎的不均匀磨损。

综上所述，车轮的不平衡，在汽车高速行驶时引起车轮的上下振动和左右摆动，不仅影响汽车的行驶平顺性，还使驾驶人难以控

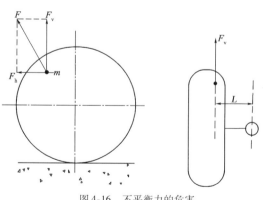

图 4-16 不平衡力的危害

制汽车行驶方向,并降低零部件的使用寿命,甚至会酿成重大交通事故。对汽车行驶平顺性、操纵稳定性和安全舒适性要求越高,车轮的不平衡对其影响也就越大。

2. 车轮动平衡仪

1) 车轮动平衡仪的工作原理

由于车轮不平衡对汽车的危害很大,因此必须对车轮动平衡进行检验和矫正,这项工作在车轮动平衡仪上进行。车轮平衡仪按检验方法可分为离车式平衡仪和就车式平衡仪。就车式平衡仪如图4-17所示,它只能检测车轮的静平衡,而离车式平衡仪能检测车轮的动平衡,由于动平衡的车轮一定处于静平衡状态,因此,只要检测了动平衡,就没有必要检测静平衡。目前应用最广泛的是离车式平衡仪,如图4-18所示。其转轴由刚性元件支撑,检验时通过直接测量车轮不平衡重点所产生的离心力,来确定车轮左右两侧的不平衡重点的质量和相位,故又可称为两面测定式平衡仪。

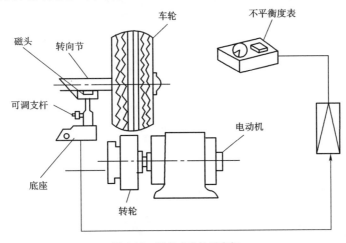

图4-17 就车式车轮平衡仪

离车式平衡仪的检验原理如图4-19所示。

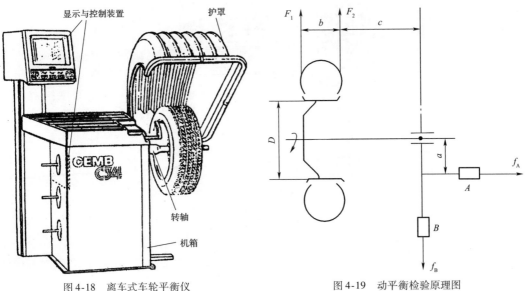

图4-18 离车式车轮平衡仪　　　　图4-19 动平衡检验原理图

将轮胎视为一个有限宽度 b 的回转体,并假设不平衡质量 m 分别为 m_1 和 m_2 两部分,集中在轮辋边缘处,该两平面称为校正面,旋转时形成两个离心力,图中 F_1 和 F_2 为这两个离心力在传感器平面的投影,当 $F_1 \neq F_2$ 或 $F_1 = F_2$,但两者相位不同时,不仅形成不平衡力,还要形成不平衡力矩。因而动平衡仪必须设置两个相互垂直的传感器 A 和 B,以采集支反力 f_A 和 f_B,建立系统的动静力学平衡方程式,以求取 F_1 和 F_2,从而计算不平衡质量 m_1 和 m_2。平衡方程式为

$$\sum x = 0$$
$$f_B = F_1 + F_2$$
$$\sum M_0 = 0$$
$$f_A \cdot a = F_1 \cdot (b+c) + F_2 \cdot c$$

解出 F_1 和 F_2 为

$$F_1 = \frac{1}{b}(f_A \cdot a - f_B \cdot c) \tag{4-1}$$

$$F_2 = \frac{1}{b}[f_B(b+c) - f_A \cdot a] \tag{4-2}$$

式(4-1)和式(4-2)是车轮动平衡仪的基本检测依据,式中支反力 f_A 和 f_B 由传感器 A 和 B 测得,a 为平衡仪的结构参数,使用者只要将被检测车轮的轮辋宽度 b 和直径 D 以及在平衡机上的安装尺寸 c(由平衡机制造厂家随机提供的专用工具测得)键入解算电路,平衡机解算电路自会按照式(4-1)和式(4-2)运算出离心力 F_1、F_2,再依据 $F = mr\omega^2$($r = D/2$)计算不平衡质量 m_1 和 m_2。

2)车轮动平衡仪的结构

车轮动平衡仪按其主轴布置形式分为卧式平衡仪(图4-20)和立式平衡仪(图4-21)。

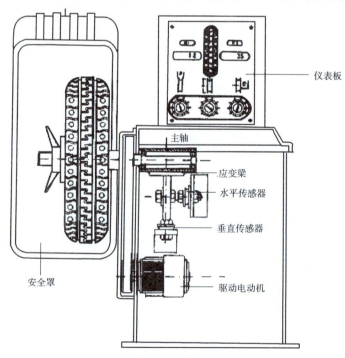

图 4-20 卧式车轮平衡仪

卧式平衡仪最大的优点是被测车轮装卸方便,机械结构和传感装置也较简单,造价也较低廉,因此深受修理厂家欢迎,同时也是制造厂家的首选机型。但因车轮在悬臂较长的主轴上形成很大的静态力矩,影响传感系统的初始设定状态,尤其是垂直传感器的预紧状态,长时间使用后精度难以保证,零漂也较大,但其平衡精度仍然能满足一般营运车辆的要求,其灵敏度能达到10g。

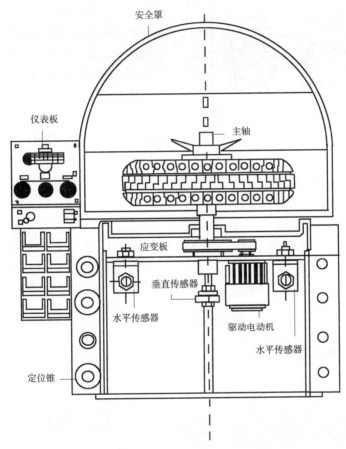

图 4-21　立式车轮平衡仪

立式车轮平衡仪虽然装卸车轮不如卧式平衡仪方便,但其车轮重量直压在主轴中心线上,不但不形成强大的力矩,垂直传感器受到的静荷载反而比车轮重量还小,如图 4-21 所示,应变件是一块与工作台面同大的方形应变板,水平传感器设计成左右各一个,比卧式平衡仪的单个水平传感器的力学结构要稳定得多,方形应变板上开有多个空槽以减小应变板的刚性,从而大大地提高了传感系统的灵敏度。因此立式平衡仪的精度极高,灵敏度可达到3g,且具有良好的重复性和稳定性。

车轮平衡仪的参数显示和操作系统采用 CRT 显示,或用发光二极管显示,其外形结构差异很大,但其基本操作内容大同小异。前者显示形象美观,并有屏幕提示便于操作,但造价较高;后者结构简单,工作可靠,参数调整方便,成本低廉。如图 4-22 所示就是最典型的一种操作面板。旋钮 1 设定轮辋宽度 B,旋钮 2 设定轮辋直径 D,旋钮 3 则设定安装尺寸 C;对于立式平衡仪 C 值是胎面至顶面安全罩的距离(安全罩转下处于工作状态),

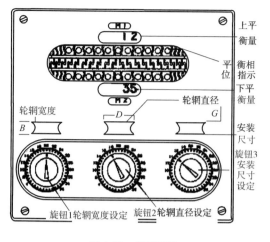

图 4-22 显示面板

对于卧式平衡仪 C 值是胎面至平衡仪箱体的距离。B、C、D 3 个参数相当于原理图 4-19 中的 b、c、D 3 个值,C 值是一当量值,是图 4-19 中值 c 伸向机体外的部分,所余部分已固化在电算电路中。

车轮在平衡机上的定位至关重要,为了确保不同形式和不同规格的车轮的中心都能与主轴中心严格重合,所以离心式车轮平衡仪均配有数个大小不等的定位锥体,如图 4-23 所示。锥体内孔与主轴高精度配套,外锥面与轮辋中心孔紧密接合,并有专用快速蝶形压紧螺母压紧于主轴定位平台上,如图 4-24 所示。注意车轮的外侧向下(立式平衡机)或向内(卧式平衡机)。

图 4-23 定位锥体

为了方便用户,离心式平衡机都随机配备一个专用卡尺,如图 4-25 所示,以供用户测量轮辋直径 D 和轮辋宽度 B,因为轮辋宽度用直尺是难以测量的。为了适应不同计量制式和国度,平衡机上的所有标尺一般都同时标有英制和米制刻度。

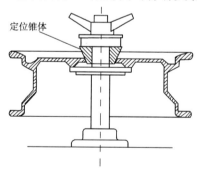

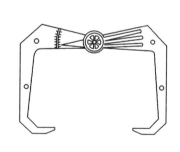

图 4-24 车轮在车轴上的定位　　图 4-25 平衡仪的专用卡尺

车轮平衡的平衡重又称配重。目前通常使用两种形式,图 4-26 为卡夹式配重。它用于大多数轮辋有卷边的车轮,对于铝镁合金轮辋,因无卷边可夹,则使用图 4-27 所示的粘贴式配重,其外弯面有不干胶粘贴于轮辋内表面。

标准的配重有两种系列:一种系列以盎司(oz)为基础单位,分 9 档,最小为 14.2g(0.5oz),最大为 170.1g(6oz),间隔为 14.2g(0.5oz);另一种以克(g)为基础单位,分 14 档,最小为 5g,最大为 80g,60g 以上以 10g 分为一档。

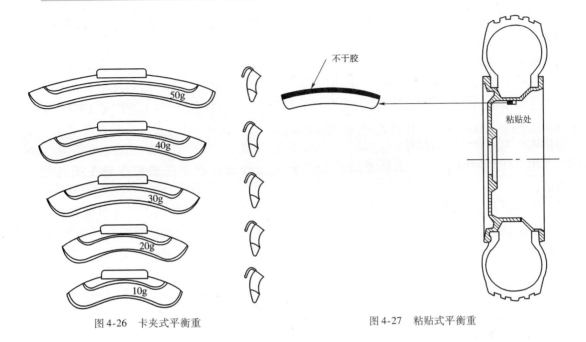

图 4-26　卡夹式平衡重　　　　　　图 4-27　粘贴式平衡重

三、任务实施

1. 车轮动平衡的检测

（1）检查和清洁车轮动平衡仪与待检测车轮，接通电源。

（2）将车轮拆离车桥，装于车轮动平衡仪主轴上，车轮由专用的定位锥体和紧固件安装就绪后，放下安全罩。

（3）将被测车轮的轮辋直径和轮辋宽度以及安装尺寸输入电测电路。

（4）按下"起动"按钮即可起动电动机实施平衡，待转数周期累计足够时，平衡仪即会自动显示轮胎两侧的不平衡质量 m_1 和 m_2 及其相位。

（5）按下"停止"按钮，待车轮完全停止后打开安全罩。

（6）用手转动车轮，这时发光二极管即会随车轮的转动而上下（或左右）跳闪，将上排光点调至中点。

（7）在车轮的轮辋上平面正对边缘（操作者方向）处加装不平衡质量 m_1，显示的平衡重如图 4-28 所示，用同样的方法加装不平衡质量 m_2。

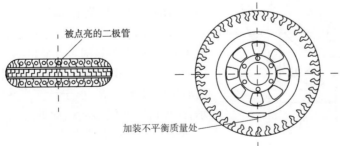

图 4-28　装平衡重处

(8)加装完毕后进行第二次试验,观察剩余不平衡量是否满足法规要求。具体的操作步骤各机型略有差异,使用者应按所用机型的使用说明书进行操作。

2. 车轮平衡仪的测试

车轮平衡仪的机械系统比较简单,但其主轴的固定部分有应变装置和压电晶体等非电量的电测系统,其应变常数和预紧力等在出厂时已调试就绪,并将有关参数输入电控系统,因而用户不得对主轴进行任何拆卸与调整。事实上车轮平衡仪内,尤其是微处理系统并没有供用户调整和维修的部件。

用户可以按以下两种简易方法对新平衡仪进行验收或对失准的车轮平衡仪进行测试:

第一种方法将车轮平衡仪不装车轮空机开动,观看仪表板显示的不平衡量值和相位是否为零,此法可初步检验平衡主轴系统包括主轴、定位锥和快速压紧螺母自身是否平衡,必要时可以找一新车轮并在高一级精度的通用平衡仪上平衡后来检测车轮平衡仪的平衡结果。

第二种方法是将上述平衡良好的车轮在已知相位上装上已知量值的配重,然后测试该车轮平衡仪的显示值是否与已知值吻合,如果该差值超过标准,只能由供货厂家进行保修。

3. 注意事项

(1)离式平衡仪的主轴固定装置装入精密的位移传感器和易碎裂的压电晶体传感器,因此严禁冲击和敲打主轴或传感器支架。

(2)在检修平衡仪时,传感器的固定螺栓不得任意松动。因为这一螺栓不是一般的紧固件,由它向传感晶体提供必要的预紧力,当这一预紧力发生变化时,电算过程将完全失准。

(3)商业系统供给的配重最小间隔为5g,因此,过分苛求车轮平衡仪的精度和灵敏度并无太大的实际意义。特殊情况下,如高速小客车和赛车,则可使用特制的平衡重块。

(4)必须明确平衡仪的机械系统和电算电路都是针对正常使用条件下平衡失准或轻微受损但仍能使用的车轮而设计的,对因交通事故而严重变形的轮辋或胎面大面积剥离的车轮是不能进行平衡作业的。因为,一方面不平衡量过大的车轮旋转时的离心力可能损伤平衡仪的传感系统,而且超值的不平衡力可能溢出电算范围而使设备自动拒绝工作。

(5)当不平衡量超过最大配重时可用两个以上配重并列使用,但这时要注意因多个配重占用较大的扇面会使其有效质量低于实际质量。因扇面的边缘的质量所处半径 R_2 小于计算半径 R_1。如图4-29所示,这种情况不仅影响该面的平衡力,而且还波及左右两面的力矩值(即动平衡量)。因此,在使用多个平衡重时须慎重处理。

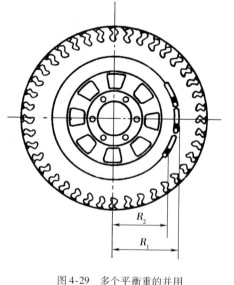

图4-29 多个平衡重的并用

学习测试

一、填空题

(1) 车轮不平衡的影响因素有：_____、_____、轮毂与轮辋加工质量不佳和安装位置不正确等。

(2) 车轮静不平衡是指车轮质心与_____不重合。

(3) 车轮动平衡时,应先输入轮辋肩部至机体的距离和_____、_____和_____3个参数。

二、判断题

(1) 静不平衡的转向轮旋转时,会形成绕主销来回摆动的力矩,造成转向轮摆振。( )

(2) 静不平衡的转向轮旋转时,当左、右前轮的不平衡质量相互处于同一位置时,左右轮跳动相位相反,将引起车身的横向摆振,前轮摆振也最为严重,影响汽车行驶时的操纵稳定性。( )

(3) 用就车式车轮平衡仪检测车轮动、静不平衡情况时,一般若动、静不平衡量在10g以内,则认为车轮可继续使用;若超过10g,则应进行平衡作业。( )

(4) 若车轮动、静不平衡量过大,则主要检查车轮平衡块是否脱落,是否存在轮胎异常磨损、局部损坏或修补方法不当的情况,汽车行驶中该车轮是否因发生过较严重的碰撞而产生轮辋变形等。( )

(5) 动平衡机装有精密的位移传感器和易碎裂的电压晶体传感器,严禁冲击和敲打主轴或传感器。( )

(6) 动平衡机的传感器的螺栓拧紧力矩直接影响到检测精度。( )

三、选择题

(1) 随着汽车行驶里程的提高( )的影响愈加突出。
　　A. 定位参数　　　B. 车轮平衡　　　C. 轮胎磨损　　　D. 轮胎气压

(2) 安装平衡块后,车轮的不平衡量不超过( )。
　　A. 5g　　　　　B. 10g　　　　　C. 15g　　　　　D. 20g

(3) 转向车轮不平衡质量在高速旋转时所形成的不平衡力将牵动转向轮左右摆动,影响汽车的( )。
　　A. 转向特性　　　B. 操纵稳定性　　　C. 机动性　　　D. 通过性

(4) 在利用离车式平衡机检测车轮平衡时,不要求输入的参数是( )。
　　A. 车轮宽度　　　　　　　　　　B. 平衡机结构参数
　　C. 车轮轮辋直径　　　　　　　　D. 车轮安装尺寸

四、问答题

(1) 不平衡车轮的成因及其危害性?

(2) 何谓静平衡?何谓动平衡?并举例说明。

(3) 简述离车式平衡机的工作原理及操作步骤。

学习任务4　汽车转向轮侧滑检测

1. 理解转向轮侧滑的基本概念；
2. 了解侧滑检验台的结构；
3. 理解侧滑检验台的工作原理；
4. 掌握侧滑检验台的操作方法；
5. 正确使用侧滑检验台检测汽车车轮的侧滑。

一、任务分析

车辆在使用中由于车架、车轴、转向机构的变形与磨损改变了原有的参数值，致使前轮定位失准（主要是前轮外倾角和前轮前束），车辆行驶时转向轮在向前滚动的同时还将产生横向滑移，这就是人们所说的侧滑。当这种滑移现象过于严重时，将破坏车轮的附着条件，丧失定向行驶能力，引发交通事故并导致轮胎的异常磨损。使用汽车侧滑检验台可检测车轮侧滑量，用动态检测法使汽车以一定的行驶速度通过侧滑检验台，从而测量转向轮的侧滑量。侧滑检验台有单板式和双板式，本任务主要介绍用双板式侧滑检验台检测车轮侧滑。

二、相关知识

1. 车轮侧滑检验台的结构

侧滑检验台是当汽车在滑动板上驶过时，用测量滑动板左右移动量的方法来测量车轮侧滑量的大小和方向，并以此判断前轮定位是否合格的一种检测设备。目前，在国内侧滑检验台有单板式侧滑检验台和双板联动式侧滑检验台。

1）双板联动式侧滑检验台的结构

双板联动式侧滑检验台的结构如图4-30所示，由机械部分、测量装置、指示装置等部分组成。

（1）机械部分。机械部分包括：左右滑动板、双摇臂杠杆机构、回位装置、导向和限位装置等。滑动板长度有500mm、800mm和1000mm等3种，滑动板越长测试精度越高。滑动板通过滚轮、轨道和两板间的杠杆机构进行左右等量的相对运动。

（2）测量装置。现在大多数侧滑检验台的测量装置有两种：一种是电位计式，另一种是差动变压器式。

电位计式的测量装置安装在如图4-31所示的位置上。将滑动板的移动量变为电位计触点的位移，从而引起电压量的变化，并传递给指示装置。电位计式测量装置的电路原理如

图 4-32 所示,在电位计两端加上一定的电压,当电位计的滑动触点随滑动板移动时,触点的输出电压与位移量成正比,通过指示计可指示出对应于滑动板的位移量。

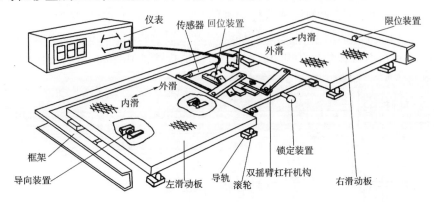

图 4-30 数字显示的双板联动式侧滑检验台结构

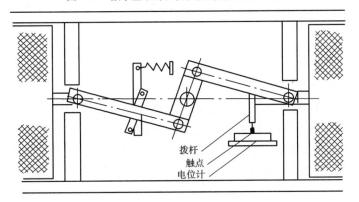

图 4-31 电位计式测量装置

差动变压器式测量装置的位移传感器安装在图 4-33 所示的位置上,由滑动板带动位移传感器的拨杆移动,传感器输出与位移量成正比的电压量,并传递给指示装置。差动变压器式测量装置的位移传感器结构及工作原理如图 4-34 所示。差动变压器是将被测信号的变化转换成线圈互感系数变化的传感器,它的结构如同一个变压器,由初级线圈、次级线圈、铁芯等几部分组成。

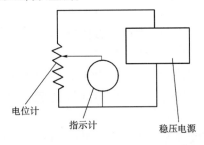

图 4-32 电位计式测量装置的电路原理

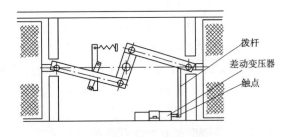

图 4-33 差动变压器式测量装置

在初级线圈接入电源 U_1 后,次级线圈即感应输出电压 U_2,滑动板移动时引起铁芯的移动,从而引起线圈互感系数的变化,此时的输出电压随之作相应的变化。它的特点是结构简单、灵敏度高、测量范围大及使用寿命长。

(3)指示装置。常用的指示装置有指针显示和数字显示两种。指针式指示装置如图4-35所示,该指示装置把从测量装置传递来的滑动板位移量,按汽车每行驶1km侧滑1m定为一格刻度指示。因此,滑动板长度为1m时,单边滑动板侧滑1mm时指示一格刻度(侧滑量单位为m/km);滑动板长度为0.5m时,单边侧板侧滑0.5mm指示一格刻度。

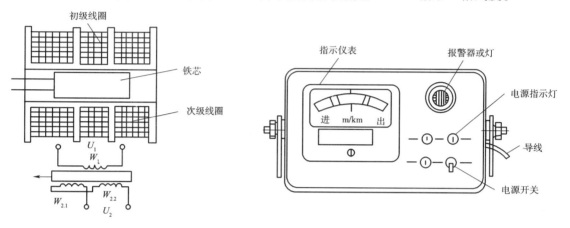

图4-34 差动变压器式位移传感器　　　　图4-35 指针式指示装置

根据汽车侧滑检验台的检测标准,常常在指针式指示装置的仪表板上将侧滑量示值分为3个区域:侧滑量0~3m/km(IN或OUT)为合格区域(或GOOD区域),标记为绿色;3m/km<侧滑量≤5m/km(IN或OUT)为警示区域(或FAIR区域),标记为黄色;侧滑量>5~10m/km(IN或OUT)为不合格区域(或BAD区域),标记为红色,当指针到达这一区域时并伴有蜂鸣声报警。

数字式仪表用数字显示侧滑量,用"+"、"-"号表示侧滑方向。

2)单板式侧滑检验台的结构

便携式单板侧滑检验台,其结构如图4-36所示。

在上下滑动板之间装有滚动棒,从而可以使得上滑动板沿横向(左右方向)自由滑动,但纵向不能移动,当被测车轮从上滑动板通过时,车轮的侧滑通过轮胎与上滑动板间的附着作用传递给上滑动板,使上滑动板左右横向滑动,通过杠杆机械带动指针偏转,从而在刻度尺上显示出侧滑量的大小和方向,为了防止滚动棒滑出上下滑动板之外,在两板间设有滚动棒保持架和导轨。当车轮通过上滑动板后,在复位弹簧的作用下,上滑动板重新回位。

另外一种单板式侧滑检验台是固定在地面中使用,其主要结构特点是在上下滑动板之间装有位移传感器,其工作原理同前述双板联动式侧滑检验台一致。由于这种试验台结构简单、磨损件少、工作可靠,在欧洲得到较普遍的应用。单板式侧滑检验台及其显示仪表部分结构外观如图4-37所示。

3)侧向力与侧滑量双功能侧滑检验台结构

侧滑检验台是用来检测车轮外倾角和车轮前束值匹配状况是否良好的一种检测设备。但由于滑动板的横向移动会释放积蓄在左右轮胎与地面间的横向作用力和能量,与实际行车状况不符,为更准确地测出轮胎与地面间的侧向力的大小和方向,可在原有侧滑检验台的基础上,加装上两个测力传感器(图4-38),测量车轮与地面间的侧向力。

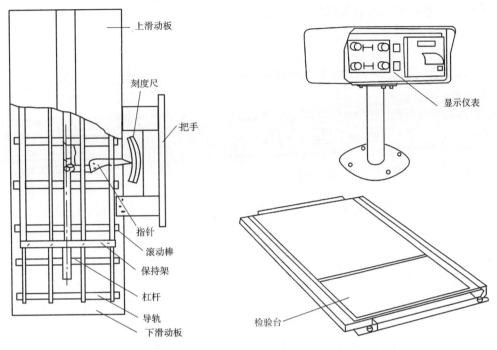

图4-36 便携式单板侧滑检验台　　图4-37 单板式侧滑检验台及其显示仪表

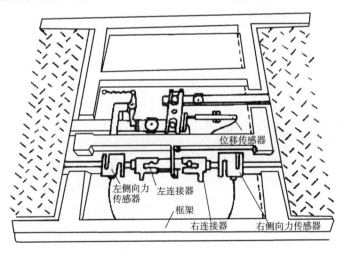

图4-38 加装两个测力传感器的侧滑检验台

如图4-38所示,在左右滑动板旁安装了两个测力传感器,两传感器通过连接器与两滑动板相连,它们的连接与松开只要轻扳手柄就可完成,连接器松开时,滑动板可以移动,恢复其原有侧滑检验台的功能,此时的侧滑量由位移传感器测出,连接器连接时,两侧滑板被测力传感器刚性地连接在一起,如同地面一样稳固不动,此时所测得的力就是汽车行驶时所受到的车轮侧向力。因而采用两个力传感器可以同时测出左右车轮所受到的侧向力的大小,这里为了便于分析比较,作如下规定:侧滑板受到向外的作用力记为负的侧向力;侧滑板受到向内的作用力记为正的侧向力。

该测力传感器使用的是 0.02% 的高精度应变式传感器,整个侧向力测量过程的电路工作原理如图 4-39 所示。

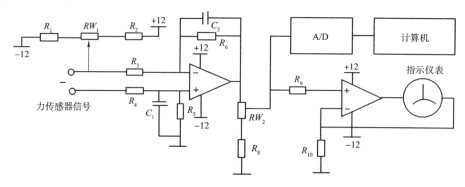

图 4-39　测量侧向力电路的工作原理图

侧向力传感器测得的电压信号送入放大器进行放大,该放大器由精密电阻和自稳零运算放大器组成,从放大器输出的电信号一路接 A/D 转换器,将模拟量转变为数字量并通过计算机采样,进行适时处理和存盘;另一路可通过 V/I 转换器驱动指针式仪表直接显示侧向力的大小及方向,或者采用光线示波器或磁带机等设备记录侧向力在整个测力过程中的变化情况,以便分析判断。侧向力更能准确反映车轮与地面之间的作用力,从而诊断车轮定位故障。根据实测,侧滑量超过 8m/km 以上的普通小客车车轮间的侧向力高达 1000N。这么大的侧向力很容易破坏车轮附着条件,使汽车失控。试验证明,检测车轮的侧滑量是非常必要的。

2. 侧滑检验台的工作原理

1) 双板联动式侧滑检验台的工作原理

(1) 滑动板仅受到车轮外倾角的作用。这里以右前轮为例,先讨论只存在车轮外倾角(前束为零)的情况。具有外倾角的车轮,其中心线的延长线必定与地面在一定距离处有一个交点 O,此时的车轮相当于一圆锥体的一部分,如图 4-40 所示,在车轮向前或向后运动时,其运动形式均类似于滚锥。

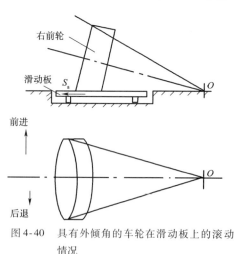

图 4-40　具有外倾角的车轮在滑动板上的滚动情况

从图 4-40 可以看出,具有外倾角的车轮在滑动板上滚动时,车轮有向外侧滚动的趋势,由于受到车桥的约束,车轮不可能向外移动,从而通过车轮与滑动板间的附着作用带动滑动板向内运动,运动方向如图 4-40 所示。此时滑动板向内移动的位移量记为 S_a(即由外倾角所引起的侧滑分量)。按照约定,具有外倾的车轮,由于其类似于滚锥的运动情况,因而无论其前进还是后退时所引起的侧滑分量均为正值。反之,内倾车轮引起的侧滑分量为负值。

(2) 滑动板仅受到车轮前束的作用。这里仅讨论车轮只存在前束角(而外倾角为零)的情况。

前束是为了消除具有外倾角的车轮类似于滚锥运动所带来的不良后果而设计的。具有前束的车轮在前进时,由于车轮有向内滚动的趋势,但因受到车桥的约束作用,在实际前进驶过侧滑检验台时,车轮不可能向内侧滚动,从而会通过车轮与滑动板间的附着作用带动滑动板向外侧运动。此时,车轮在滑动板上做纯滚动,滑动板相对于地面有侧向移动,其运动方向如图 4-41 所示。此时测得的滑动板的横向位移量记为 S_t(即由前束所引起的侧滑分量)。按照约定,前进时由于车轮前束引起的侧滑分量 $S_t \leqslant 0$。反之,汽车前进时,由车轮前张(负前束)引起的侧滑分量 $S_t \geqslant 0$。

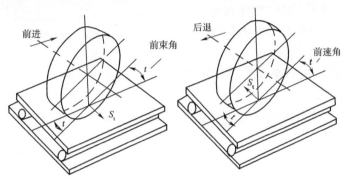

图 4-41 具有前束角的车轮在滑动板上的滚动情况

当具有前束的车轮后退时,若在无任何约束的情况下,车轮必定向外侧滚动,但因受到车桥的约束作用,虽然其存在着向外滚动的趋势,但不可能向外侧滚动,从而会通过其与滑动板间的附着作用带动滑动板向内侧移动,其运动方向如图 4-41 所示。

此时测得滑动板向内的位移量记为 S_t,按照约定,仅具有前束角的车轮在后退时,通过侧滑检验台所引起的侧滑分量 $S_t \geqslant 0$。反之,仅具有前张角的车轮后退时,通过侧滑检验台所引起的侧滑分量 $S_t \leqslant 0$。

综上可知,仅具有前束角的车轮,在前进时驶过侧滑检验台时所引起的侧滑分量为负值,在后退时驶过侧滑检验台所引起的侧滑分量为正值。反之,仅具有前张角的车轮,在前进时驶过侧滑检验台时所引起的侧滑分量为正值,在后退时驶过侧滑检验台所引起的侧滑分量为负值。

(3) 滑动板受到车轮外倾角和前束角的同时作用。汽车转向轮同时具有外倾角和前束角,在前进时由外倾所引起的侧滑分量 S_a 与由前束所引起的侧滑分量 S_t 的方向相反,因而两者相互抵消。在后退时两者方向相同,两分量相互叠加。在外倾角及前束值不大的情况下,可以认为 S_a 和 S_t 在前进和后退的过程中,侧滑分量数值不变。设车轮在前进时通过侧滑台所产生的侧滑量为 A,在后退时的侧滑量为 B,则可得到下述结论(在遵循上述对侧滑量的符号约定的条件下):

B 大于或等于零,且 B 大于或等于 A 的绝对值。

另外,如果假设前进时的侧滑量就是 S_a 与 S_t 间的简单叠加(或抵消)关系,则还可以得出下列结论:

①若前进时的侧滑量 A 大于一定的正数,后退时的侧滑量 B 大于另一正数,则侧滑量主

要是由外倾所引起的。

②前进时的侧滑量 A 小于一定的负数,后退时的侧滑量 B 大于某一正数,则侧滑量主要由前束所引起的。

③外倾角引起的侧滑量 $S_a = (A+B)/2$。

④前束角引起的侧滑量 $S_t = (B-A)/2$。

遵循上述分析与讨论的方法,可以得到其余 3 种配合情况下侧滑台板的运动规律,从车轮外倾、车轮内倾、车轮前束和前张 4 个因素中判断出是哪个因素主要引起车轮侧滑的故障。因此,可有效地指导维修人员调整车轮前束及车轮外倾角。

2)单板式侧滑检验台的工作原理

如图 4-42 所示,汽车左前轮从单滑动板上通过,右前轮从地面上行驶。若右前轮正直行驶无侧滑,即侧滑角 β 为零,而左前轮具有侧滑角 α 向内侧滑时(图 4-42a),通过车轮与滑动板间的附着作用带动滑动板向左移动距离 b。若右前轮也具有侧滑角 β,同样右前轮相对左前轮也会向内侧滑,此时,滑动板向左移动距离 c,并由于左前轮同时向内侧滑的量为 b,则滑动板的移动距离为两前轮向内侧滑量之和,即 $b+c$,如图 4-42b)所示。

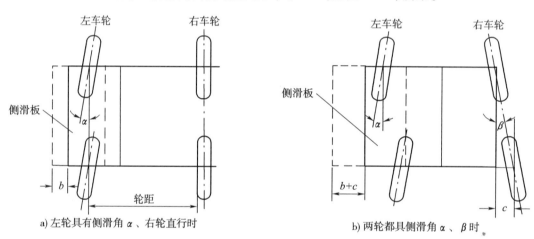

图 4-42 单板式侧滑检验台的测试分析

上述 $b+c$ 距离可反映出汽车左右车轮总的侧滑量及侧滑方向。也就是说,采用单板式侧滑检验台测量汽车的侧滑量时,虽然是一侧车轮从滑动板上通过,但测量的结果并非是单轮的侧滑量,而是左右轮侧滑量的综合反映。此侧滑量与汽车驶过侧滑板时的偏斜度无关。根据这一侧滑量可以计算出每一边车轮的侧滑量,即单轮的侧滑量为 $(b+c)/2$。

三、任务实施

1. 车轮侧滑的检测

不同型号的侧滑检验台,其使用方法有所区别,应根据使用说明书制定操作规程,一般都应进行如下工作。

1)检测前的准备

检测前的准备工作如下:

(1)在不通电的情况下,检查仪表指针是否在零位上;接通电源,晃动滑动板,待滑动板停止后,查看指针是否仍在零位或数据显示仪表上的侧滑量数值是否为零。如发现失准,对于指针式仪表,可以用零点调整电位计或游丝零点调整钮将仪表校零。对于数字式仪表可按下"校准"键,调节调零电阻,使侧滑量显示值为零,或按"复位"键清零。

(2)检查侧滑检验台及周围场地有无机油、石子、泥污等杂物,并清除干净。

(3)检查各种导线有无因损伤而造成接触不良的部位,必要时应进行修理或更换。

(4)待检测车轮胎气压应符合各自的规定值(出厂标准)。

(5)检查并清除轮胎上的油污、水渍和嵌入的石子、杂物等。

2)检测步骤

(1)松开滑动板的锁止手柄,接通电源。

(2)汽车以 3~5km/h 的低速垂直驶入,使被测车轮通过滑动板。速度过高会因滑动板的惯性力和仪表的动态响应迟滞而影响测量精度,速度过低也会引起失真误差。

(3)当被测车轮从滑动板上完全通过时,察看指示仪表,读取最大值,注意记下滑动板的运动方向,即区别滑动板是向内还是向外滑动。记录时,应遵循如下约定:滑动板向外侧滑动,侧滑量记为负值,表示车轮向内侧滑动(即 IN);滑动板向内侧滑动,侧滑量记为正值,表示车轮向外侧滑动(即 OUT)。

(4)检测结束后,锁止滑动板,切断电源。

3)检测时的注意事项

(1)不允许超过容许吨位的汽车驶入侧滑检验台,以防压坏或损伤易损零件。

(2)不允许汽车在侧滑检验台上转向或制动,否则会影响检验台测量精度和使用寿命。

(3)前驱动的汽车在测试时,不应该突然加油、收油或踏离合器,这样会改变前轮受力状态和定位角,造成测量误差。

2. 车轮侧滑检验台的维护与调整

1)侧滑检验台的维护

(1)试验台不使用时,一定要锁止滑动板,以防止受到外界因素(人或汽车等)引起的经常晃动而损坏测量零件。

(2)保持试验台表面及周围环境清洁,及时清除泥、水和垃圾,以防止它们浸入侧滑检验台。

(3)侧滑检验台上不要停放车辆或堆放杂物,防止滑动板及测量零件变形或损坏。

(4)每使用1个月,应重点检查测量装置、蜂鸣器或信号灯在侧滑量超过规定值时能否及时报警或给出侧滑量不合格的信息。若蜂鸣器、信号灯或限位开关工作状况不良时,应给予及时调整或更换。

(5)使用3个月,除作上述维护作业外,还需检查测量装置的杠杆机构指针和回位装置及联动装置等动作是否灵便。如动作不灵活或有迟滞,应及时进行清洁和润滑工作,必要时需进行修理或更换有关零件。

(6)使用6个月后,除进行第(5)项维护作业外,还需要拆下滑动板,检查滑动板下的滚动轮及导轨,检查各部位有无脏污、变形、松动、锈蚀、磨损等情况,并进行清洁、紧固和润滑工作。对磨损严重的零部件应酌情更换。

(7)使用一年后,除进行第(6)项维护作业外,还须接受有关部门的检定以确保测试精度。

2)侧滑检验台的检查与调整

汽车侧滑检验台长期使用后,由于零部件磨损变形等会造成测试精度下降,为此需定期(一年或半年)进行检定和调整,以保证测试工作的可靠性。

通过对侧滑检验台的检定,往往会发现示值超差,造成超差的原因基本有两个方面:一是机械方面的原因,主要是滑动板及联动机构等机械构件在制造过程中存在隐蔽缺陷,以及长期使用后零件磨损,间隙增大所致;二是电气方面的原因,测试仪表内的电子元器件日久老化,或使用过程中的操作不慎而造成零点漂移或阻值变化,或部分元件损坏所致。出现超差后的调整方法如下:

(1)调整仪表零点。侧滑台显示仪表依据仪表类型可分为两种调整零点形式:

①电零位调整:利用仪表上的零点调整电位器,改变电阻值的大小进行调整。

②机械零位调整:当电零位调整仍无法将仪表指针调零时,可通过机械的方法调整。如改变传感器的安装位置、改变滑臂转动角度(对于旋转电位器)或调整复位弹簧预紧力(对机械指针式显示仪表)等。

(2)调整示值超差。当侧滑台左右滑动板的示值偏大或偏小时,可通过仪表板上增益电位器进行调整。有些侧滑检验台的仪表板上设有两只调整增益用的电位器,对滑动板的向外(IN)和向内(OUT)可分别进行调整。在检定中常可发现,由于联动机构间隙过大或轴承松旷,可造成仪表示值超差。在此情况下,应注意恢复机构配合间隙,必要时也可更换磨损严重的轴承等易损件。

(3)调整报警判定点超差。由于报警点规定在5km/h点,因此报警判定点超差必然是5km/h点示值误差超差所致。有些仪表板上有电位器调整点,通过它可以方便地进行调整。当无此电位器调整点时,可单用机构调整方法来解决。如调整滑动板下面的机械行程开关进行调节。对于数字式仪表无须调整,由示值精度予以保证。

(4)调整动作力超差。滑动板动作力超差时,可以通过调整复位弹簧预紧力解决,必要时甚至可更换复位弹簧。在测定滑动板动作力时,常可发现在滑动板移动过程中,动作力不均匀,当滑动板移到某一点时,动作力突然增加,造成动作力超差。其主要原因是滑动板卡滞所致。应注意检查滑动板有无弯曲变形、下滑动板导轨不平,上下滑动板间隙不良或有脏污物造成移动阻力等。机体变形应进行调平校正,并进行彻底清洗和润滑作业。

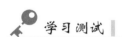

一、填空题

(1)侧滑一般是指车轮在前进过程中的＿＿＿＿＿＿现象。

(2)滑板向外滑时为正,表示＿＿＿＿＿＿的影响较大;反之若滑板向内滑为负,表示＿＿＿＿＿＿的影响较大。

(3)通过对侧滑检验台的检定,往往会发现示值超差,造成超差的原因基本有两个方面:

一是_____原因;二是_____的原因。

二、判断题

(1)前轮侧滑量的检测须采用动态检测法,检测的主要目的是为了确定前轮前束与前轮外倾配合是否恰当,使用的检测设备主要有滑动板式侧滑检验台和滚筒式车轮定位检验台两种。　　　　　　　　　　　　　　　　　　　　　　　　　　　　　　( )

(2)滑动板式侧滑检验台一般由测量装置、指示装置和报警装置等组成。　( )

(3)对于后轮没有定位的汽车,可用侧滑检验台根据汽车后轮前进、后退驶过滑动板时滑动板的滑动方向和滑动量大小来检测后轴是否变形和轮毂轴承是否松旷。( )

(4)若转向轮向内侧滑,且侧滑量超标,则表明转向轮前束过大,或负外倾角过大。
( )

三、选择题

(1)汽车前进通过侧滑检验台的侧滑板时,若车轮向内滑说明( )。
　　A. 前束值过大　　　B. 前束值过小　　　C. 前束值合适　　　D. 前束值不确定

(2)侧滑检测时汽车以( )km/h的速度垂直驶向试验台,使前轮平稳通过滑动板。
　　A. 1~2　　　　　　B. 2~3　　　　　　C. 3~5　　　　　　D. 6~7

(3)用侧滑检验台检验转向轮的横向侧滑量时,其值应≤( )m/km。
　　A. 2　　　　　　　B. 5　　　　　　　C. 8　　　　　　　D. 6

四、问答题

(1)常用侧滑检验台有几种结构形式?

(2)侧滑检验台常用的传感器有哪几种?它们的作用和工作原理是什么?

(3)车轮仅有外倾角时,测试中的滑板如何运动?

(4)车轮仅有前束角时,测试中的滑板如何运动?

项目 5 汽车的舒适性和通过性认知

学习任务 1　汽车的行驶平顺性认知

1. 了解振动对行驶平顺性的影响以及人体对振动的反应；
2. 能正确分析影响汽车行驶平顺性的因素。

一、任务分析

现在人们不仅追求汽车动力性、经济性和安全性，而且越来越注重乘坐是否舒适，这与汽车的平顺性的好坏有直接关系。汽车的行驶平顺性是指保持汽车在行驶过程中乘员所受的振动和冲击环境在一定舒适度范围内的性能，因此平顺性主要根据乘员主观感觉的舒适性评价。对于载货汽车还包括保持货物完好的性能。行驶平顺性既是决定汽车舒适性最主要的方面，它本身也是评价汽车性能的主要指标。

二、相关知识

1. 汽车振动及其传递途径

行驶平顺性问题可以用图 5-1 框图来分析。行驶中的汽车是一个复杂的"振动系统"，振动主要是由行驶路面的凹凸不平、高速旋转的轮胎和传动轴以及发动机的转矩变化而激发的。这些因素引起的振动又大多与车速相关，尤其是路面凹凸不平引起的振动，随着车速的变化，振动的频率和强弱会产生相应的变化。

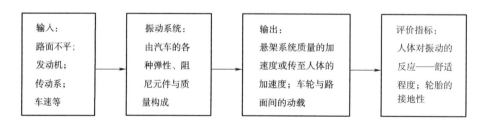

图 5-1　汽车振动系统框图

上述诸多"信号"不断地"输入"行驶中的汽车，而汽车又可以看作是由轮胎、悬架、坐垫等弹性、阻尼元件和悬架质量及非悬架质量构成的"振动系统"。各种"输入"信号沿不同的路径传至乘员人体，其主要传递路径如图5-2所示。

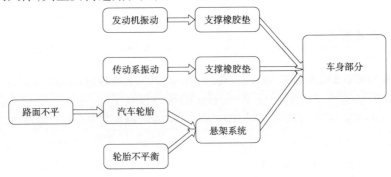

图 5-2　汽车行驶振动传递路径示意图

因路面、轮胎产生的振动，先传到悬架，受悬架自身的振动特性影响后再传给车身，通过车身传到乘客的脚部，同时通过座椅传给乘客的臀部和背部，还通过转向系以转向盘抖动的形式传到驾驶人手部。

因发动机、传动系产生的振动，通过支撑发动机、变速器和传动轴的缓冲橡胶块，经衰减后传给车身，再经上述途径传至人体各个部位。

当振动频率超过40Hz以上，便形成噪声传进人的耳朵。

作为系统的"输出"，是人体或货物受到的振动，其中最重要的是振动频率和振动加速度。任何一个"振动系统"均有一个"固有频率"，当外界激振频率接近或等于"固有频率"时，将出现"共振"现象，产生剧烈地振动，这既要影响汽车的操纵稳定性，也要影响行驶平顺性。

人体是一个复杂的机械振动系统，人体对振动的反应既与振动频率及强度、振动作用方向和暴露时间有关，也与乘员的心理、生理状态有关。

通过大量的振动试验表明，人体对不同方向的振动存在差异，对上下振动忍耐性最强，其次是前后振动，对左右振动最敏感。人体上下振动的共振点在4～8Hz，水平振动的共振点在1～2Hz。如果在共振点上加振，人的抗震能力会严重下降，氧气消耗量剧增，能量代谢加快。

所谓暴露时间是指人体处于振动环境的时间。暴露时间越长，人体所能承受的振动强度越小。

研究汽车行驶平顺性实际上要解决两方面的问题：一是如何避免汽车这个"振动系统"的"共振"现象；二是使"振动系统"输出的振动频率避开人体敏感的范围，振动加速度不超过人体所能承受的强度。

2. 行驶平顺性的评价

目前对行驶平顺性的评价仍是以人的主观感觉为最终依据，它既受振动环境特点的影响，又受人的心理、生理因素的影响，所以这种评价和衡量是非常困难和复杂的。

20世纪70年代初，国际标准化组织（ISO）在综合了大量有关人体全身振动的研究工作和文献的基础上，制定了国际标准ISO 2631《人体承受全身振动能力的评价指南》，该标准是人体承受全身振动评价的国际通用标准。但ISO 2631是以短时间简谐振动的试验研究成果为基础,而汽车的行驶过程,是长时间随机振动,并伴有一些较大的冲击振动。

我国参照 ISO 2613 制定了《汽车平顺性试验方法》(GB/T 4970—2009),以此来评价汽车的平顺性。

3. 改善平顺性的途径

1)悬架结构

减小悬架刚度,降低固有频率,可以减少由于不平路面而引起乘员承受的加速度值,这是改善平顺性的基本措施,为此,需要采用软弹簧及低的轮胎气压。但悬架刚度也不宜过小,否则,会引起悬架下质量高频振动幅值加大,影响操纵稳定性;还会引起紧急制动时汽车"点头"现象严重,以及转弯时车身容易产生较大的侧倾角等不良现象。

对于荷载变化较大的公共汽车和载货汽车,为满足不同荷载对悬架刚度的不同需要,常采用非线性悬架,即变刚度悬架。荷载较小时,悬架刚度较小,以避免振动频率过高,平顺性变差;当荷载较大时,刚度急剧增大,使汽车的侧倾和纵向角振动减轻。

为避免出现"共振",前、后悬架的固有频率应避开激振效率。另外,由于来自路面的激振先作用于前轮,然后才作用到后轮,为减轻由此引起的纵向角振动,前悬架的固有频率应略低于后悬架,亦即前悬架刚度略低于后悬架。

2)悬架阻尼

悬架系统的阻尼主要来自减振器、钢板弹簧叶片之间的摩擦以及轮胎变形时橡胶分子间的摩擦。其作用是使车身的振动迅速衰减,减小传递给乘员和货物的振动加速度,缩短振动时间,改善行驶平顺性,还能改善车轮与道路的接触状况,防止车轮跳离地面,提高操纵稳定性。

在使用中,应防止减振器失效及弹簧片生锈锁住,影响行驶平顺性。

3)轮胎

轮胎对行驶平顺性的影响主要取决于轮胎的径向刚度,适当减小轮胎径向刚度,可以改善行驶平顺性。比如采用子午线轮胎径向刚度减小,轮胎的静挠度增加40%以上,行驶平顺性得到改善。但轮胎刚度过低,会引起侧性偏离加大,影响汽车的操纵稳定性。在使用中,通过动平衡试验消除轮胎的动不平衡现象,也是保证行驶平顺性的必要措施。

4)座椅

座椅的布置对平顺性有较大的影响。接近车身中部的座位,振幅较小,前、后两端的座位振幅较大,在相同频率下,乘员感受到的振动加速度就不一致,所以小客车的座位均布置在前后轴轴距之内。载货汽车和公共汽车,为了减少水平前后方向的振幅,座位在高度方向上应尽量缩小与重心间的距离。

坐垫也有一定减振作用。坐垫的刚度和阻尼要作适当选择,以使人—座椅系统的固有频率避开人体最敏感的 4~8Hz 范围,同时其相对阻尼系数应达到 0.2 以上。

5)非悬架质量

非悬架质量对汽车的平顺性有较大的影响,其质量的大小直接影响到传递到车身上的冲击力。质量越小,冲击力越小,反之将加大。非悬架质量对行驶平顺性的影响,常用非悬架质量与悬架质量之比 m/M 来评价,此比值小客车一般为 10.5%~14.5%,以小些为好。

三、任务实施

请从汽车结构因素设计和调整以及使用条件选择等方面入手,分析如何提高汽车平顺性性能。

学习测试

一、填空题

(1) 行驶中的汽车是一个复杂的"振动系统",振动主要是由行驶路面的_____、高速旋转的轮胎和传动轴以及发动机的_____而激发的。

(2) 通过大量的振动试验表明,人体对不同方向的振动存在差异,对_____忍耐性最强,其次是_____,对_____最敏感。

二、判断题

(1) 汽车行驶在不平整的路面上引起的振动,随车速的变化,振动的频率和强弱会产生相应的变化。( )

(2) 人体对上下方向的振动反应最为敏感。( )

(3) 为避免出现共振现象,前悬架的固有频率应略低于后悬架。( )

(4) 适当减小汽车轮胎径向刚度,可以改善汽车行驶平顺性。( )

(5) 子午线轮胎比普通斜线轮胎的行驶稳定性好。( )

三、选择题

(1) 轮胎对行驶平顺性的影响主要取决于轮胎的径向刚度,适当( )轮胎径向刚度,可以改善行驶平顺性。

    A. 减小   B. 增加   C. 改变   D. 以上都不是

(2) 对于荷载变化较大的公共汽车和载货汽车,为满足不同荷载对悬架刚度的不同需要,常采用( )。

    A. 非线性悬架   B. 线性悬架   C. 常刚度悬架   D. 以上都不是

四、问答题

(1) 什么叫行驶平顺性?

(2) 如何改善汽车行驶平顺性?

学习任务2 空气调节与居住性认知

1. 了解汽车空调性能的内容;
2. 理解汽车居住性对汽车舒适性的影响。

一、任务分析

空气调节性能是影响汽车舒适性的重要因素。空气调节性能不好,会引起乘员胸闷、晕车等不适感觉,造成驾驶人反应迟钝,影响行车安全。同样车内空间舒适性不好,会使驾驶人感到操作不便、易疲劳,乘员感到难以保持舒适的坐姿等。

二、相关知识

1. 空气调节性能

汽车空气调节是指对车内空气质量进行调节,即不管车外的天气情况如何,将车内的温度、湿度和清洁度都保持在一定的舒适范围内。

1)人体对温度的感觉

人体在不断地产生和散发热量,当两者取得平衡而维持体温36℃时人就会感到舒适,若散热过多,人会感觉"冷";多余的热量不能及时散发,人会感到"热"。试验表明,人体对温度的感觉主要受环境温度、湿度和风速3项因素的影响。

当环境温度一定时,若降低空气湿度,会使皮肤表面的汗加快蒸发,人便感觉到凉快。增大风速也有同样的效果。在1m/s的风速下,人会感觉比无风状态温度下降约1℃,若风速达到3m/s,会觉得温度下降约3℃。

2)舒适的温度范围

人体感到舒适的环境温度随其工作内容、体质状况、性别、年龄和衣着等变化,还要受季节、昼夜等自然环境变化的影响。综合这些因素,冬季人体感到舒适的温度范围为16~20℃,湿度为55%~70%;夏季温度范围为19~23℃,湿度为60%~75%。

3)对空气清洁度要求

车厢内空气的洁净程度对舒适性产生重要影响。由于车厢内乘员所拥有的空间有限,人所吸入的氧气80%变成二氧化碳排出,另外人体散发出的气味、燃油蒸气、汽车废气、道路尘埃的渗入等,都会导致车内空气质量恶化,影响乘员健康。对车内空气清洁度的指标是按照车厢内二氧化碳的浓度来评定的,一般允许车内的二氧化碳质量分数为0.5%,最好控制在0.1%以下。

4)空气调节

汽车空气调节系统主要实现三大功能:一是换气,将车外的新鲜空气引入车内,将车内气体排到车外,以保持车内二氧化碳浓度不超过规定值;二是温度和湿度的调节,包括冬季的加温除湿,夏季的降温除湿,使车内保持适宜的温度和湿度;三是空气净化,除去车内存在的灰尘和难闻的气味,使空气净化。汽车空气调节系统由四大装置构成,即通风装置、暖气装置、冷气装置、空气净化装置。

换气是空气调节的最基本的功能。要保持每个乘员应有0.3~0.5m³/min的换气量,使车内二氧化碳浓度在正常的范围内。要合理布置空气的出口、入口,提高换气质量和效率。汽车设计和试制阶段,一般要进行风洞试验,测定车身表面空气压力的分布,将空气入口设置在正压力大的部位,车内气体的出口设置在负压大的部位。小客车的进气口一般开在前风窗玻璃下的机罩上,排气口开在后排座位的车侧。在使用中应注意对空气进口、出口及通道进行清洁维护,以免堵塞而影响换气质量。

除了适宜的温度外,温度的分布情况对人体是否感到舒适也有很大的影响。冬季要求满足以下3点:

(1)脚下左右部位的温差尽可能小。

(2)头部的温度比脚部的温度低2~5℃,即所谓"头寒足热"。

(3)前后座位温差要小,特别是后排座位脚部,应有充足的热风流通。

夏季制冷时则要求尽可能保持上下身相同的温度。

2. 居住性

汽车的居住性主要是指合理分配车内空间,布置适应各种人体特征的要求,使驾驶人和乘员经过长时间行驶而不感到疲劳。

1) 乘员的居住性

要使乘员长时间乘坐而不感到疲劳,就必须给乘员提供能够随意选择乘坐姿势的宽敞室内空间和舒适可靠的座椅。

由于汽车的外形尺寸有限,要给乘员提供宽敞的室内空间,一方面要在有限的外形尺寸内,制造出必要的居住空间;另一方面是要合理安排居住空间的形状,以更有效地发挥有限居住空间的功效。

车室内容积的确定,应考虑人体尺寸的参差不齐。以被测对象的尾椎点为基准,首先考虑适于各种情况下的坐姿以及供身体转动的足够空间,还要考虑不致因振动而令乘客触及车内装备件而受伤等,由这些因素决定车室空间的长度、宽度、高度尺寸。在汽车横截面积不变的情况下,采用发动机前置前轮驱动以及减少轮胎装置空间等可以扩大室内有效空间;采用曲面玻璃可以扩大乘员肩部空间。

要使座椅舒适可靠,首先是座椅的长度、宽度、高度尺寸与人体尺寸相适应,能按照乘员的体型进行尺寸调整。对于大量生产的汽车,一般能做到的是座椅靠背的倾角可在一定范围内调整(一般为3°~8°)。长途客车的座椅靠背要求可以倾斜25°以上,以便乘客休息。座椅背的结构采用头枕式,可以提高其舒适性。要进一步提高座椅的舒适性,还需对座椅的振动特性进行测试,使其共振频率避开人体和悬架的共振频率。

另外,座椅蒙皮的触感、室内装饰的色彩、乘员的视野等也影响其居住性。

2) 驾驶人的居住性

要使驾驶人长时间驾驶而不感到过分疲劳,除上述因素之外,还应满足下列条件:

(1)各类操纵机构布置应合理,便于操作。

(2)各类操纵机构的操作力要适度。

(3)驾驶人座椅高度、前后位置能适度调整,以便使驾驶人能获得与各操纵机构相协调的位置和舒适的坐姿。

(4)良好的视野,以便于获取道路状况、各种信号标志和周围汽车情况等必需的外部信息;易于辨认的仪表和警示灯等,以便及时获取汽车各装置工作状况和行驶状况的信息等。

三、任务实施

评价几种车型的空气调节系统的性能优劣;选几种同一类型的汽车,测量前排空间、后排空间和后背空间尺寸,比较其空间舒适性。

1. 汽车空气调节系统三大功能是什么?
2. 如何保证乘员和驾驶人良好的居住性?

学习任务3 汽车通过性认知

1. 掌握汽车通过性的几何参数;
2. 理解影响汽车通过性的主要因素。

一、任务分析

虽然方程式赛车具有优越的动力性、操控性、稳定性、平顺性、制动性等,但它底盘很低,离地间隙很小,当路面不平、坡度过大时,就有可能出现触头、托尾及顶起,甚至动弹不了等现象。也就是说它虽然具有众多的优良性能,但它却失去了在不平路面的通过性能,所以它只适合在赛道上奔跑。因此,我们有必要研究不同类型车辆的通过性,给大家在选车及使用车辆时提供一些参考。

二、相关知识

1. 汽车通过性几何参数

由于汽车与地面间的间隙不足而被地面托住、无法通过的情况,称为间隙失效。当车辆中间底部的零件碰到地面而被顶住时,称为"顶起失效";当车辆前端或尾部触及地面而不能通过时,则分别称为"触头失效"和"托尾失效"。显然,后两种情况属同一类失效。

与间隙失效有关的汽车整车几何尺寸,称为汽车通过性的几何参数。这些参数包括最小离地间隙、纵横向通过半径、接近角、离去角、最小转弯半径等,如图5-3所示。

1)最小离地间隙 h

最小离地间隙用符号 h 表示,是指汽车除车轮以外的最低点与路面之间的距离,如图5-4所示。它表征了汽车能无碰撞地表越过石块、树桩等障碍物的能力。汽车的飞轮壳、前桥、变速器壳、消声器、驱动桥的外壳、车身地板等处一般有较小的离地间隙。

2)纵向通过半径 ρ_1

在汽车侧视图上作出的与前后车轮及两轴中间轮廓线相切之圆的半径,称之为纵向通过半径,用符号 ρ_1 表示。它表示了汽车能够无碰撞地通过小丘、拱桥等纵向凸起障碍物的轮廓尺寸。ρ_1 越小,汽车的通过性越好。

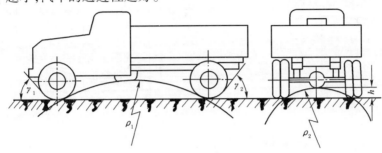

图 5-3 汽车通过性的几何参数
γ_1-接近角;γ_2-离去角;ρ_1-纵向通过半径;ρ_2-横向通过半径;h-最小离地间隙

3)横向通过半径 ρ_2

在汽车的正视图上所作与左右车轮及与两轮之间轮廓线相切的圆的半径,称为横向通过半径,用符号 ρ_2 表示。它表示了汽车通过小丘及凸起路面等横向凸起障碍物的能力,ρ_2 越小,通过性越好。

最小离地间隙不足,以及纵向和横向通过半径过大,都容易引起"顶起失效"。

4)接近角 γ_1 和离去角 γ_2

从汽车前端突出点向前轮引切线,该切线与路面的夹角 γ_1 称为接近角。γ_1 越大,通过障碍物(如小丘、沟洼地等)时,越不易发生"触头失效"。

从汽车后端突出点向后轮引切线,该切线与路面的夹角 γ_2 称为离去角。γ_2 越大,通过障碍物时,越不容易发生"托尾失效"。

5)最小转弯半径 R_H 和内轮差 d

转向盘转到极限位置,作转弯行驶,前外轮印迹中心至转向中心的距离(左、右转弯,取较大者),称为汽车的最小转弯半径(图5-4),用符号 R_H 表示。内轮差是指前内轮轨迹与后内轮轨迹半径之差,图中用 d 表示。这两个参数表示车辆在最小面积内的回转能力和通过狭窄弯曲地带或绕过障碍物的能力。

机动车安全检测条件国家标准规定,机动车辆最小转弯半径,以前外轮轨迹中心线为基线测量其值不得大于24m。当轮转弯直径为24m时,转向轴和末轴的内轮差,以两轮轨迹中心线计,不大于3.5m。

6)车轮半径 r

汽车在不平路面上行驶时,经常要越过垂直障碍物。汽车克服垂直障碍物(台阶、壕沟等)的能力与车轮半径和驱动形式有关,也与路面附着条件有关。其越过台阶的能力如图5-5所示。图中纵坐标为台阶高度 h_w 与车轮直径 D 之比,横坐标为路面附着系数。由此图可以看出,全轴驱动汽车比单轴驱动汽车越过台阶能力强;路面附着条件越好,汽车能越过更高的台阶。

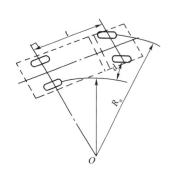 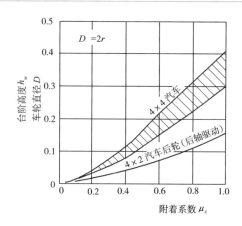

图 5-4　最小转弯半径及 R_H 和内轮差 d　　图 5-5　汽车越障能力与附着系数的关系

汽车越过壕沟的宽度 l_d 与其越过台阶的能力直接相关,两者只存在一个换算系数的关系。由图 5-6 查出汽车在某种路面的 h_w/D 之值,则可由下式计算在该种路面条件的 l_d/D 之值(l_d 为壕沟宽度,D 为车轮直径),即

$$\frac{l_d}{D} = 2\sqrt{\frac{h_w}{D} - \left(\frac{h_w}{D}\right)^2}$$

2. 影响汽车通过性的主要因素

1) 使用因素

(1) 轮胎气压。汽车在松软路面上行驶时,降低轮胎气压,可以使轮胎与路面接触面积增加,从而降低轮胎对路面的单位压力,使路面变形减小,轮胎受到的道路阻力下降。而在硬路面上行驶时,适当提高轮胎压力,可以减小轮胎变形,使行驶阻力变小。故有的越野汽车装有中央充气系统,驾驶人在驾驶室内可根据路面情况调整轮胎气压。

(2) 轮胎花纹。轮胎花纹对附着系数影响很大。越野汽车应选用具有宽而深花纹的轮胎,这是因为在松软地面上行驶时,轮胎花纹嵌入土壤,使附着能力提高;而汽车在潮湿路面上行驶时,只有花纹的凸起部分与路面接触,提高了单位压力,有利于挤出水分,提高附着系数。

(3) 拱形轮胎。在专用越野车上,不少使用了超低压的拱形轮胎。在相同轮辋直径的情况下,超低压拱形轮胎的断面宽度比普通轮胎要大 2~2.5 倍,轮胎气压很低(29.4~83.3kPa)。若用这种轮胎代替并列轮胎,其接地面积可增加到 3 倍。拱形轮胎在沙漠、雪地、沼泽、田间行驶有良好的通过性,但在硬路面上行驶,会使行驶阻力增加,且易损坏轮胎。

(4) 驾驶技术。驾驶技术对汽车通过性影响很大。为提高通过性,应注意以下 4 点:

① 汽车通过松软地段时,应尽量使用低速挡,以使汽车具有较大的驱动力和较低的行驶速度;尽量避免换挡和加速,尽量保持直线行驶。

② 驱动轮是双胎的汽车,如因双胎间夹泥而滑转,可适当提高车速,以甩掉夹泥。

③ 若传动系装有强制锁止式差速器,应在汽车进入车轮可能滑转地段之前挂上差速器。如果已经出现滑转再挂差速器,土壤表面以被破坏,附着系数下降,效果会显著下降。当汽车离开坏路地段,应及时脱开差速器,以免影响转向。

④ 汽车通过滑溜路面,可以在驱动轮轮胎上套上防滑链条,提高车轮的附着能力。

2）结构因素

（1）发动机的功率与转矩。汽车通过坏路或无路地带时，要克服较大的道路阻力，为此，要提高汽车的通过性，就必须提高单位汽车重力发动机转矩 M_e/G，或提高比功率 P_e/G，这是提高汽车动力性的基础。

（2）传动系传动比。要提高动力性，另一方面要增大传动系传动比，故越野车均设有副变速器或使用两挡分动器。越野汽车增加传动系总传动比的另一作用是降低最低稳定车速，以减小稳定车轮对松软路面的冲击，从而减少由此引起的土壤剪切破坏的概率、提高汽车通过坏路或无路地段的能力。越野汽车的最低稳定车速值见表5-1。

越野汽车的最低稳定车速　　　　表5-1

汽车总量(kN)	<19.6	<63.7	<78.4	>78.4
最低稳定车速(km/h)	<5	<2~3	<1.5~2.5	<0.5~1

（3）液力传动。装有液力变矩器或液力耦合器的汽车，起步时转矩增加平缓，避免了对路面的冲击，同时，不用换挡也能提高转矩，能提高汽车的通过性。

（4）差速器。普通锥齿轮式差速器，由于具有在驱动轮平均分配转矩的特性，当一侧车轮出现滑转时，另一侧车轮只能产生与滑转车轮相等的驱动力，使总驱动力不能克服行驶阻力，汽车不能前进。

采用高摩擦差速器，可以使转得较慢的车轮得到较大的驱动力，从而增大总驱动力，有利于提高汽车的通过性。若采用差速器，两边车轮的驱动力可以按各自的附着力来分配，改善通过性的作用更明显。

（5）前、后轮距。若前、后轴采用相同的轮距，且轮胎宽度相等时，后轮可以沿前轮压实的轮辙行驶，从而使全车的行驶阻力减小，提高通过性。所以现代越野汽车普遍采用单胎，各轴轮距相等。

（6）驱动轮的数目。增加驱动轮的数目，可以提高相对附着重力，获得较大的驱动力，越野汽车均采用全轮驱动。

（7）涉水能力。为了提高汽车的涉水能力，应注意发动机的分电器、火花塞、蓄电池、曲轴箱通风口、机油尺等处的防水密封，并保证空气滤清器不进水。

三、任务实施

从汽车结构和使用的角度，分析提高汽车通过性的措施。

学习测试

一、填空题

（1）汽车的接近角越大，汽车接近障碍物时，越不容易发生_____；汽车的离去角越大，汽车驶离障碍物时，越不容易发生_____。

（2）汽车的通过性主要决定于汽车的_____及_____也与汽车的_____、_____、_____、_____等密切相关。

(3)间隙失效可分为＿＿＿＿、＿＿＿＿、＿＿＿＿等。

(4)通过性的几何参数主要有＿＿＿＿、＿＿＿＿、＿＿＿＿、＿＿＿＿、＿＿＿＿等。

(5)汽车克服垂直障碍物的能力与＿＿＿＿和＿＿＿＿有关,也与＿＿＿＿有关。

(6)越野汽车一般要增设＿＿＿＿或具有＿＿＿＿,以增大传动系的总传动比,获得足够大的驱动力。

(7)汽车在松软的路面上行驶时,轮胎气压应＿＿＿＿,而在硬路面上行驶时,适当＿＿＿＿轮胎气压。

二、判断题

(1)最小离地间隙不足,纵向和横向通过半径大,都容易引起"顶起失效"。（　）

(2)全轴驱动汽车比单轴驱动汽车越过台阶能力强;路面附着条件越好,汽车能越过更高的台阶。（　）

(3)最小离地间隙表示汽车无碰撞地越过小丘和拱桥的能力。（　）

(4)接近角和离去角表示汽车的横向通过能力。（　）

(5)拱形轮胎不仅在硬路面上行驶,而且在沙漠、雪地、沼泽和田间行驶都具有良好的通过性。（　）

(6)为使全车的行驶阻力减小,提高通过性,现代越野汽车普遍采用双并胎,各轴轮距相等。（　）

三、选择题

(1)汽车的通过性与下列能力无关的是(　　)。
　　A.汽车爬坡度　　　B.汽车加速能力　　C.汽车转弯能力　　D.防滑能力

(2)下列参数不是关于汽车通过性的几何参数是(　　)。
　　A.轮胎胎压　　　　　　　　　　B.轮胎直径
　　C.接近角　　　　　　　　　　　D.汽车最小转弯半径

四、问答题

(1)什么叫汽车的通过性?

(2)汽车的哪些几何参数与通过性有关?

(3)什么叫最小转弯半径?什么叫内轮差?

(4)为什么越野车要采用全轮驱动?

项目 6　汽车前照灯和车速表检测

学习任务 1　汽车前照灯检测

1. 了解前照灯的检验指标和配光特性;
2. 掌握前照灯的检测标准和检测方法;
3. 正确使用前照灯检测仪对汽车进行检测。

一、任务分析

前照灯是汽车在夜间或在能见度较低的条件下,为驾驶人提供行车道路照明的重要装置,而且也是驾驶人发出警示,进行联络的灯光信号装置。所以,前照灯必须有足够的发光强度和正确的照射方向。由于在行车过程中,汽车受到振动,可能引起前照灯部位的安装位置发生变动,从而改变光束的正确照射方向,同时,灯泡在使用过程中会逐步老化,反射镜也会受到污染而使其聚光的性能变差,导致前照灯的亮度不足。这些变化,都会使驾驶人对前方道路情况辨认不清,或在与对面来车交会时造成对方驾驶人炫目等,从而导致交通事故的发生。因此,前照灯的发光强度和光束的照射方向被列为汽车运行安全检测的必检项目。

二、相关知识

1. 前照灯的检验指标和配光特性

汽车前照灯由灯泡、反光镜和配光镜组成,有远、近两种灯光。前照灯在汽车上的安装数量一般有二灯制和四灯制。

1) 汽车前照灯的检验指标

(1) 发光强度。发光强度是光线在给定方向上发光强弱的度量,其单位为坎德拉,用符号 cd 表示。按国际标准单位 SI 的规定,若一光源在给定方向上发出频率 540×10^{12} Hz 的单色辐射,且在此方向上的辐射强度为每球面度 1/683W 时,则此光源在该方向上的发光强度为 1cd。

照度表明受光物体被光源照明的程度,其单位为勒克斯,用符号 lx 表示。1 勒克斯也等于 1.02 cd 的点光源在半径为 1m 的球面上产生的光照度。在前照灯发光强度不变的情况下,被照物体离光源越远,被照明的程度越差,照度越小。若发光强度用 $I(cd)$ 表示,照度用

$E(lx)$ 表示,前照灯距被照物体的距离为 $s(m)$,则三者之间的关系为

$$E = \frac{I}{s^2}$$

如图 6-1 所示为前照灯主光束照度随距离的变化曲线。可以看出,距离超过 5m 时,实测值和理论计算值基本一致;距离为 3m 时,产生 15% 左右的误差。可见距离越远,越能得到准确的测量值。但由于受到场地限制,在用前照灯检测仪测量时,通常采用在前照灯前方 3m、1m、0.5m、0.3m 的距离进行测量,并将该测量值当作前照灯前方 10m 处的照度。

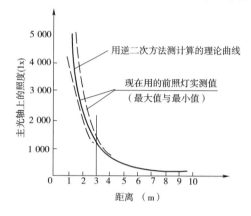

图 6-1 前照灯主光束照度随距离的变化曲线

(2)光束照射方位的偏移值。如果把前照灯最亮的地方看作是光束的中心,则它对水平、垂直坐标轴交点的偏离,即表示它的照射方位的偏移,其偏移的尺寸就是光束照射方位的偏移值,又称光轴的偏斜量。

2)前照灯的配光特性

用等照度曲线表示的明亮度分布特征称为配光特性,又称光形分布特性。前照灯的配光特性有对称配光和非对称配光两种。

(1)SAE 配光方式。SAE 配光方式又称美国配光方式,如图 6-2 所示。远光灯丝位于反射镜焦点处,所发出光线经反射后,沿光学轴线方向射向远方;近光灯丝位于焦点之上,所发出的光线经反射后,大部分向下倾斜,从而下部较亮而上部较暗,所形成的光形分布是水平方向宽,垂立方向窄。若等照度曲线左右对称,不偏向一边,上下扩展不太宽,就是好的配光特性。SAE 配光方式的近光照射在屏幕上的光斑没有明显的明暗截止线。

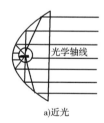  

a)近光　　　　　　b)远光　　　　　　c)近光照在屏幕上的光斑

图 6-2 SAE 配光

(2)ECE 配光方式。ECE 配光方式又称欧洲配光方式。其远光配光与 SAE 配光方式相同;但近光灯丝位于反射镜焦点之前,且在灯丝下设一遮光屏。这样,近光光线只落在反射镜上半部分而向下倾斜反射,照到屏幕上时,可看到明显的明暗截止线和明暗截止线转角点的光斑,如图 6-3 所示。

ECE 配光方式有两种:一种在配光屏幕上,明暗截止线的水平部分在 $V—V$ 线(即汽车纵向中心平面在屏幕上的投影线)的左半边(图 6-4a),右半部分为与前照灯基准中线高度水平线 $h—h$ 成 15°斜线向上倾斜;另一种称为 Z 形配光方式,其明暗截止线的左半部分在 $h—h$ 线下 250mm 处,右半部分则与水平成 45°角向上倾斜,直至与 $h—h$ 线重合后成为水平

线,明暗截止线在屏幕上呈 Z 字形(图 6-4b)。我国前照灯的近光灯已采用 Z 形配光方式,其配光性能在《汽车前照灯配光性能》(GB 4599—2007)中作了具体规定。

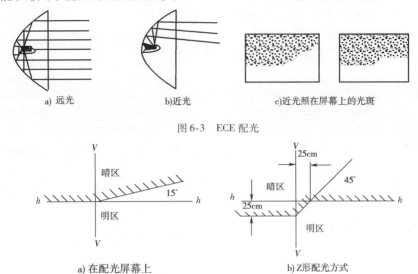

图 6-3　ECE 配光

图 6-4　近光配光方式

2. 汽车前照灯的检测

1)前照灯检测仪的检测原理

汽车前照灯检测仪,通过采用能把吸收的光能变成电流的光电池作为传感器,按照前照灯光轴照射光电池产生电流的大小和比例,来测量发光强度和光轴偏斜量。

光电池是一种光电元件,前照灯检测仪上用的主要是硒光电池。硒光电池受光照后,光使金属膜和非结晶硒的上下部产生电动势,由于光电池的上部带负电,下部带正电,因此在金属膜和铁底板上装上引出线后,再把它们用导线连接起来,光电流就可使电流表指针作相应的偏转。这样通过光与电转换,从指针偏转的大小就可以判断出前照灯的发光强度和光轴的方向。

图 6-5 中的发光强度检测电路由光度计、光电池和可变电阻构成,当前照灯在规定距离处照射光电池时,光电池产生与受光强弱成正比的电流,使光度计的指针偏转,经标定后,其指针偏转的大小便可反映前照灯的发光强度。

图 6-6 中光轴检测电路中有 4 块光电池,在 $S_上$ 和 $S_下$ 之间接有上下偏斜指示计,在 $S_左$ 和 $S_右$ 之间接有左右偏斜指示计。打开前照灯,4 块光电池各自产生电流,根据 $S_上$、$S_下$、$S_左$ 和 $S_右$ 的电流的差值,使上下偏斜指示计和左右偏斜指示计动作。

如果光电池属于无偏斜受光情况,则上下偏斜指示计和左右偏斜指示计的指针均垂直向下,处于 0 位。如果光轴偏离了中心位置,则偏斜指示计的指针偏离 0 点,其偏移量反映了光轴偏斜量。通过适当的调节机构,调整光线照射光电池的光照位置,可使偏斜指示计的指针指向 0 位,那么,此调节量也就反映了光轴的偏斜量。

2)前照灯检测仪的类型与构造

前照灯检测仪由接受前照灯光束的受光器、使受光器与汽车前照灯对正的校准装置、前照灯发光强度指示装置、光轴偏斜方向和偏斜量的指示装置以及支柱、底板、导轨、汽车摆正找准装置等组成。根据其测量距离和测量方法,前照灯检测仪可分为以下4种:

(1)聚光式前照灯检测仪。聚光式前照灯检测仪如图6-7所示,它是在1m的测量距离内,用受光器的聚光透镜把前照灯的散射光束聚合起来,根据其对光电池的照射强度,来检验前照灯的发光强度和光轴偏斜量的。根据检测的方法不同,聚光式前照灯检测仪可分为下列3种形式:

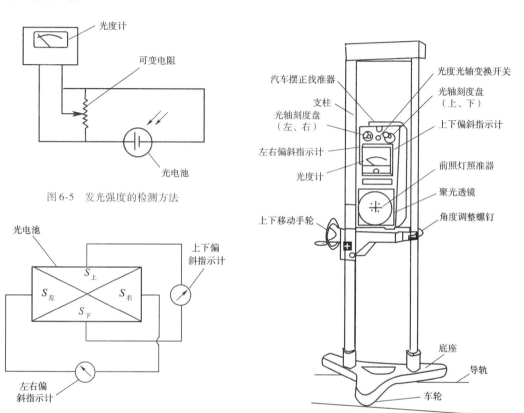

图6-5 发光强度的检测方法

图6-6 光轴偏斜量测量方法

图6-7 聚光式前照灯检测仪

①移动反射镜式:如图6-8所示,前照灯的散射光束经聚光透镜聚合和反射镜反射后,照射到光电池上,若转动光轴刻度盘,反射镜的安装角度随之变化,照射光电池的光束位置也随之变化,从而使光轴偏斜指示计的指针产生偏转。检测时,转动光轴刻度盘使光轴偏斜指示计的指针指示为0。此时,从光轴刻度盘的刻度可读到光轴的偏斜量,同时根据光度计的指示得出发光强度值。

②移动光电池式:如图6-9所示,若转动光轴上下或左右刻度盘,则光电池随之移动,光电池的受光面位置相应发生变化,从而使光轴偏斜指示计指针产生偏转。在检测时,转动光轴刻度盘使光轴偏斜指示计的指针指示为0,此时,从光轴刻度盘上即可得到光轴的偏斜量,同时根据光度计的指示得出发光强度值。

③移动透镜式:如图6-10所示,聚光透镜和光电池用特殊的连接器连成一体,移动与其联动的光轴检测杠杆,光轴偏斜指示计的指针将产生偏转。在检测时,移动光轴检测杠杆,

使光轴偏斜指示计的指针为0,根据与杠杆相联动的指针指示值即可得出光轴的偏斜量,同时根据光度计的指示得出发光强度值。

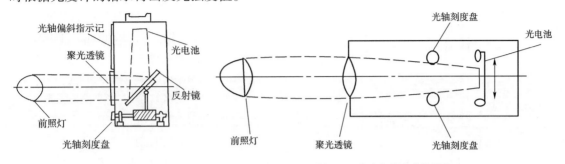

图6-8 移动反射镜检测法　　　　　　图6-9 移动光电池式检测法

(2)屏幕式前照灯检验仪。屏幕式前照灯检验仪如图6-11所示,在固定的屏幕上装有可以左右移动的活动屏幕,活动屏幕上装有能上下移动的内部带光电池的受光器。检验时,移动受光器和活动屏幕,使光度计的指示值最大,指示值即为发光强度值,该位置即为主光轴照射位置,从装在屏幕上的两个光轴刻度尺即可读得光轴偏斜量。

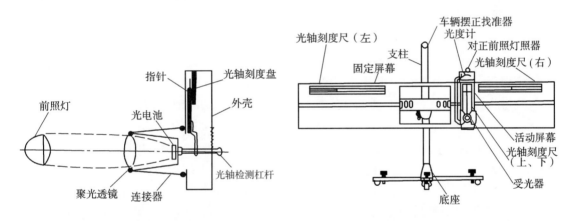

图6-10 移动透镜式检测法　　　　　　图6-11 屏幕式前照灯检验仪

(3)投影式前照灯检验仪。投影式前照灯检验仪如图6-12所示,在聚光透镜的上下和左右方向装有4个光电池,前照灯光束的影像通过聚光透镜、光度计的光电池和反射镜后,映射到投影屏上。在检测时,通过上下和左右移动受光器使光轴偏斜指示计的指针指向0位,即上下与左右光电池的受光量相等,从而找到被测前照灯主光轴的方向。然后根据投影屏上前照灯光束影像的位置,即可得出主光轴的偏斜量;同时可从光度计的指示值得出发光强度。

常用的光轴测量方法有以下两种:

①投影屏刻度式检测主光轴偏斜量的方法:在投影屏上刻有表示光轴偏斜量的刻度线,根据前照灯影像中心在投影屏上所处的位置,就可以直接测出光轴偏斜量。

②光轴刻度盘式检测主光轴偏斜量的方法:转动光轴刻度盘,使前照灯影像中心与投影屏坐标原点重合,然后由光轴刻度盘上的刻度即可看出光轴的偏斜量。

(4)自动追踪光轴式前照灯检验仪。自动追踪光轴式前照灯检验仪采用受光器自动追

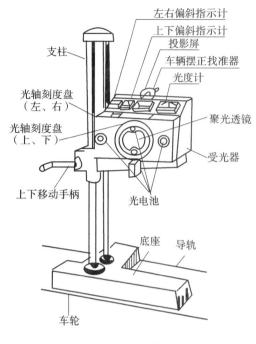

踪光轴的方法检测发光强度和光轴偏斜量,如图 6-13 所示。在受光器聚光透镜的上下与左右装有 4 个光电池,受光器内部也装有 4 个光电池,分别构成主、副受光器,透镜后中央部位装有中央光电池。

检测时,将检测仪放在前照灯前方 3m 的检测距离处,当前照灯光束照射到受光器上时,若前照灯光束照射方向偏斜,则主副受光器上下或左右光电池的受光量不等,它们分别产生的电流失去平衡,由其电流的差值控制受光器上下移动的电动机或控制箱左右移动的电动机运转,并通过钢丝绳牵动受光器上下移动或驱动控制箱在轨道上左右移动,直至受光器上下、左右光电池受光量相等为止。这就是所谓的自动追踪光轴,追踪时受光器的位移由光轴偏斜指示计指示,发光强度由光度计指示。自动追踪光轴式前照灯检验仪的检测方法较简单、检测方便,其检测的自动化程度和

图 6-12 投影式前照灯检验仪

检测效率高,也便于和其他检测设备联成汽车全自动检测线。

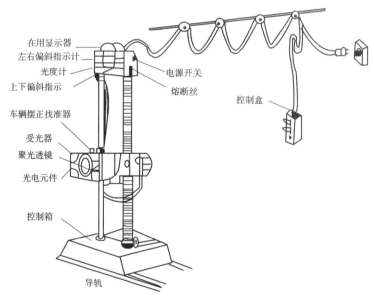

图 6-13 自动追踪光轴式前照灯检验仪

三、任务实施

1. 汽车前照灯的检测方法

汽车前照灯的检测方法因仪器型号、厂家有所不同,应根据使用说明书进行操作。这里

仅介绍一般的检测方法。

1）检测前的准备

（1）检测仪的准备：

①在前照灯检测仪不受光的情况下，调整前照灯检测仪光度计和光轴偏斜指示计指针的机械零点。

②检查聚光透镜和反射镜的镜面上有无污物，若有，用柔软的布或镜头纸擦拭干净。

③检查水准器的技术状况。若水准器无气泡，应进行修理；若气泡不在红线框内时，可用水准器调节器或垫片进行调整。

④检查导轨是否沾有泥土等杂物，若有，应扫除干净。

（2）被测车辆的准备：

①清除前照灯上的污垢。

②轮胎气压应符合汽车制造厂的规定。

③汽车蓄电池应处于充足电状态。

2）检验方法

不同类型的检测仪其检测方法是有差异的。

（1）聚光式前照灯检测仪：

①被检汽车驶近规定距离，且与检测仪导轨垂直。

②用车辆找准器使检测仪与汽车对正。

③打开前照灯，用前照灯找准器使检测仪与前照灯对正。

④将光度、光轴转换开关扳向光轴侧。

⑤转动光轴刻度盘，使光轴偏斜指示计指0，此时光轴刻度盘上的指示值即为光轴偏斜量。

⑥光轴刻度盘不动，将光度、光轴转换开关拨向光度侧，此时光度计的指示值即为前照灯的发光强度值。

（2）屏幕式前照灯检测仪：

①被测车辆驶近检测仪，且距检测仪3m，方向垂直于检测仪导轨。

②用车辆找准器使检测仪与汽车对正。

③打开前照灯，用前照灯找准器使检测仪与前照灯对正（固定屏幕调整到和前照灯同样的高度，受光器与前照灯中心重合）。

④使左右光轴刻度尺的零点与活动屏幕上的基准指针对正。

⑤将受光器上下左右移动，使光度计指示达到最大值，此时受光器上基准指针所指活动屏幕的上下刻度值和活动屏幕上基准指针所指固定屏幕左右刻度值即为光轴的偏斜量。

⑥光度计上的指示值，即为前照灯发光强度值。

（3）投影式前照灯检测仪：

①将被测车尽可能与导轨保持垂直方向驶近检验仪，使前照灯与检验仪受光器相距3m。

②用汽车摆正找准器使检验仪与被测车对正。

③开亮前照灯，移动检验仪，使光束照射到受光器上，并使上下和左右光轴偏斜指示

指示值为0。此时,根据投影屏上前照灯光束影像位置,即可得出光轴的偏斜量。

④根据光度计上的指示值,即可得出前照灯的发光强度。

(4)自动追踪光轴式前照灯检测仪:

①将被测车尽可能与导轨保持垂直方向驶近检验仪,使前照灯与检验仪受光器相距3m。

②用汽车摆正找准器使检验仪与被测车对正。

③开亮前照灯,接通检验仪电源,用控制器上的上下、左右控制开关移动检验仪的位置,使前照灯光束照射到受光器上。

④按下控制器上的测量开关,受光器随即追踪前照灯光轴,根据光轴偏斜指示计和光度计的指示值,即可得出光轴偏斜量和发光强度。

⑤除了使用前照灯检测仪检测之外,还可以使用屏幕法检测前照灯光束照射位置。

《机动车运行安全技术条件》(GB 7258—2012)中的附录D《前照灯光束照射位置检验方法》规定,用屏幕法检测前照灯光束照射位置时,场地应平整,屏幕与场地应垂直,被检验的车辆应在空载、轮胎气压正常、乘坐1名驾驶人。将车辆停置于屏幕前,并与屏幕垂直,使前照灯基准中心距屏幕10m,在屏幕上确定与前照灯基准中心离地面距离H等高的水平基准线,及以车辆纵向中心平面在屏幕上的投影线为基准确定的左右前照灯基准中心位置线,分别测量左右远近光束的水平或垂直照射方位的偏移值,如图6-14所示。

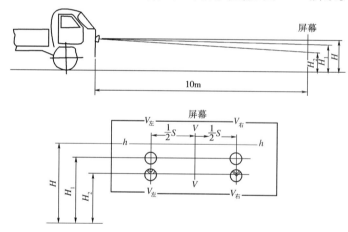

图6-14 屏幕法检测前照灯光束照射位置

在屏幕上画有3条垂直线和3条水平线:中间垂直线$V-V$与被检车辆的纵向中心垂直面对齐;两侧的垂直线$V_左-V_左$和$V_右-V_右$分别为被检车辆左右前照灯基准中心的垂直线。水平线中的$h-h$线与被检车辆前照灯的基准中心等高,距地面高度为H,H为被检车辆前照灯基准中心距地面的高度,其值视被检车型而定;中间水平线与被检车辆前照灯远光光束的中心等高,距地面高度为H_1;下侧水平线与被检车辆前照灯近光光束的中心等高,距地面高度为H_2。

检测时,先遮盖住一边的前照灯,然后打开前照灯的近光开关,未被遮盖的前照灯的近光明暗截止线转角或光束中心应落在图6-14中下边水平线与$V_左-V_左$和$V_右-V_右$线的交点位置上,否则为光束照射位置偏斜,其偏斜方向和偏斜量可在屏幕上直接测量。用同样方法,检测另一边前照灯近光光束照射位置。

根据检测标准,检测调整前照灯光束的照射位置时,对远、近双光束灯应以检测调整近光光束为主。对于远光单光束前照灯,则要检测远光光束的照射位置。其光束中心应落在中间水平线与 $V_{左}-V_{左}$ 和 $V_{右}-V_{右}$ 线的交点位置上。

用屏幕法检测前照灯简单易行,但只能检测出光束的照射位置,不能检测发光强度。为适应不同车型的检测,需经常更换屏幕,检测效率低,同时,需要占用较大场地。因此目前广泛采用前照灯校正仪对汽车前照灯进行检测。

2. 检测标准限值及检测结果分析

汽车前照灯的配光性能和法规有两个:一是原欧洲经济共同体 ECE 法规配光性能标准;二是美国 FVMSS(联邦汽车安全标准)108 号标准,它相当于 ECE 法规 76/756,也就是 SAE 法规配光性能标准。我国采用了类似于 ECE 前照灯配光性能标准,国家标准《机动车运行安全技术条件》(GB 7258—2012)中,对前照灯的发光强度及光束照射位置有如下规定。

1)基本要求

(1)机动车装备的前照灯应有远、近光变换功能;当远光变为近光时,所有远光应能同时熄灭。同一辆机动车上的前照灯不得左、右的远、近光灯交叉开亮。

(2)所有前照灯的近光均不应炫目,汽车(三轮汽车和装用单缸柴油机的低速货车除外)、摩托车装用的前照灯应分别符合 GB 4599、GB 21259、GB 25991、GB 5948 及 GB 19152 的规定。

(3)机动车前照灯光束照射位置在正常使用条件下应保持稳定。

2)检测标准限值

根据《机动车运行安全技术条件》(GB 7258—2012)的规定,汽车前照灯的检验指标为光束照射位置的偏移值和发光强度(cd)。前照灯光束照射位置应符合以下要求:

(1)检验前照灯的近光光束照射位置时,在距离屏幕 10m 处,乘用车前照灯近光光束明暗截止线转角或中点的高度应为 $0.7H\sim0.9H$(H 为前照灯基准中心高度),其他机动车应为 $0.6H\sim0.8H$;机动车前照灯近光光束水平方向位置向左偏不允许超过 170mm,向右偏不允许超过 350mm。

(2)检验前照灯远光光束及远光单光束灯照射位置时,在距离屏幕 10m 处,要求在屏幕上光束中心离地高度:乘用车为 $0.9H\sim1.0H$,其他机动车为 $0.8H\sim0.95H$;机动车前照灯远光光束水平位置要求:左灯向左偏移不允许超过 170mm,向右偏移不允许超过 350mm;右灯向左或向右偏均不允许超过 350mm。

(3)《机动车运行安全技术条件》(GB 7258—2012)规定,机动车每只前照灯的远光光束发光强度应达到表 6-1 的要求。测试时,其电源系统应处于充电状态。

表 6-1 前照灯远光光束发光强度最小值要求(单位:cd)

机动车类型	检查项目					
	新注册车			在用车		
	一灯制	两灯制	四灯制	一灯制	二灯制	四灯制
三轮汽车	8000	6000	—	6000	5000	—
最高设计车速小于 70km/h 的汽车	—	10000	8000	—	8000	6000
其他汽车	—	18000	15000	—	15000	12000

注:四灯制是指前照灯具有 4 个远光光束;采用四灯制的机动车其中二只对称的灯达到二灯制的要求时视为合格。

3）检测结果分析

（1）前照灯发光强度偏低。前照灯发光强度偏低有下列6种情况：

①左右前照灯发光强度均偏低。检查前照灯反光镜的光泽是否明亮，如昏暗或镀层剥落或发黑应予更换；检查灯泡是否老化，质量是否符合要求，如老化或质量不符合要求，光度偏低者应更换；检查蓄电池端电压是否偏低，如端电压偏低，应先充足电再检测。送检汽车普遍存在蓄电池电量不足，端电压偏低的现象。如由蓄电池供电，前照灯发光强度一般很难达到标准的规定；如由发电机供电则大部分汽车前照灯发光强度增加，多数可达到标准规定。

②左右前照灯发光强度不一致。检查发光强度偏低的前照灯的反射镜光泽是否灰暗，灯泡是否老化，质量是否符合要求，一般多为搭铁线路接触不良，变光开关接触不良。

③所有灯都不亮。故障原因：蓄电池至总开关之间的相线断路；灯总开关损坏；电源总熔断丝熔断；电子自动变光器损坏（对于电子控制前照灯）；远光灯或近光灯的导线都断路或接触不良；前照灯搭铁不良。

④远光或近光不亮。故障原因：变光开关或自动变光器损坏；远光或近光灯的导线有一根断路；双丝灯泡的远光或近光灯丝有一根烧断；灯光继电器损坏；传感器损坏。

⑤前照灯灯光暗淡。故障原因：熔断丝松动；导线接头松动；前照灯开关或继电器触点接触不良；发动机输出电压低，用电设备漏电，负荷过大。

⑥灯泡经常烧坏。故障原因：发电机输出电压过高。

（2）前照灯光束照射位置偏斜。前照灯安装位置不当或因强烈振动而错位致使光束照射位置偏斜超标，应予以调整。前照灯光束照射位置偏斜的调整可在前照灯检验仪上进行，先将左右及上下光轴刻度盘旋钮置于所需要调整的方位上，然后调整被检前照灯的安装螺钉，直至左右指示表及上下指示表指针均指向零点即可。

3. 汽车前照灯检测仪的使用及维护

1）使用注意事项

（1）检测仪要事先调整至水平状态。

（2）检测仪不要受外来光线的影响。

（3）必须在汽车保持空载并乘坐1名驾驶人的状态下检测。

（4）汽车有4个前照灯时，一定要把辅助前照灯遮住后再进行测量。

（5）开亮前照灯受光器后，一定要使光电池灵敏度稳定后再进行测量。

（6）仪器不用时，要用罩子把受光器盖好，并注意不要受潮、受冲击或让阳光直射。

2）前照灯检测仪的维护

前照灯检测仪应制定良好的维护制度和建立维修档案。建议每3个月对仪器校准或标定一次，以提高维护水平。下面以全自动前照灯检测仪为例，进行简单说明。

（1）导轨：应每日清洗，其运行表面不得有砂粒、油泥及其他阻碍仪器运行的异物。

（2）前立柱：应每日清洁，防止灰尘积聚。每日工作前，应为其加上适量的20号机油，以保证润滑良好。

（3）受光面正面的玻璃镜：应经常用软布擦拭，不应有灰尘、油雾等阻碍光线透射的异物存在。

(4)后立柱:每周至少清洁一次,并加上适量的20号机油,以保证润滑良好。

(5)传动链条:每日清洁一次(可用棉布浸润汽油抹洗),并加上适量的20号机油或钙基润滑脂。

(6)传动轴承:应每月加钙基润滑脂一次。

学习测试

一、填空题

(1)汽车前照灯由_____、_____和配光镜构成,有远、近两种灯光。

(2)汽车前照灯的检验指标有_____和_____。

(3)前照灯的配光特性有_____和_____两种。

(4)根据其测量方法的不同,聚光式前照灯检验仪可以分为_____、_____、_____等类型。

二、判断题

(1)前照灯检测不合格有两种情况:一是前照灯发光强度偏低,二是前照灯照射位置偏斜。( )

(2)发光强度的计量单位是lx,可用前照灯监测仪测出。( )

(3)检验前照灯远光光束及远光单光束灯照射位置时,在距离屏幕10m处,要求在屏幕上光束中心离地高度,对乘用车为$0.9H \sim 0.95H$,其他机动车为$0.8H \sim 0.90H$。( )

(4)检测对称光前照灯的检测仪所采用的标准是美国SAE标准。( )

三、选择题

(1)汽车前照灯检测时,被测车辆需要做清除前照灯上的污垢、汽车蓄电池应处于充足电状态、( )等准备。

  A.轮胎气压应符合规定   B.LED灯应该更换
  C.轮胎尺寸符合规定   D.车辆应该处于满载

(2)《机动车运行安全技术条件》(GB 7258—2012)规定,对于车速大于80km装有两只前照灯的机动车,每只前照灯的远光光束发光强度应达到( )要求。

  A.18000cd B.12000cd C.15000cd D.8000cd

(3)检验前照灯远光光束及远光单光束灯照射位置时,要求在屏幕上光束中心离地高度:乘用车为( )。

  A.$0.8H \sim 0.95H$ B.$0.9H \sim 1.0H$
  C.$0.85H \sim 0.90H$ D.$0.95H \sim 1.0H$

(4)检验前照灯近光光束及远光单光束灯照射位置时,机动车前照灯远光光束水平位置要求:左灯向左偏移不允许超过( ),向右偏移不允许超过( )。

  A.170mm、100mm   B.170mm、170mm
  C.170mm、250mm   D.170mm、350mm

(5)检验前照灯远光光束及远光单光束灯照射位置时,机动车前照灯远光光束水平位置要求:右灯向左或向右偏均不允许超过( )。

A．170mm　　　　B．100mm　　　　C．250mm　　　　D．350mm

(6)按照我国的交通法规,汽车前照灯的照射方向应该是( )。

A．偏左偏下　　　B．偏右偏下　　　C．水平偏左　　　D．水平偏右

(7)( )都会使驾驶人对前方道路情况辨认不清,或在与对面来车交会时造成对方驾驶人炫目等,从而导致事故的发生。

A．发光强度变强　　　　　　　　B．发光强度变弱,照射方向变化

C．照射方向变化　　　　　　　　D．发光强度变弱

(8)机动车每只前照灯的远光光束发光强度对于最高设计车速小于70km/h的二灯制的在用车应达到( )。

A．6000cd　　　　　　　　　　　B．15000cd

C．8000cd　　　　　　　　　　　D．12000cd

(9)前照灯检测仪,根据测量距离和测量方法,可分为聚光式、屏幕式、投影式和( )式。

A．标准　　　　B．分散　　　　C．自动跟踪光轴　　　　D．主动

四、问答题

(1)前照灯检测的目的?

(2)对前照灯灯光的检测有哪些要求?四灯制与两灯制的要求有什么不同?

(3)前照灯的光学特性有哪些?

(4)比较屏幕法检测和检测仪检测的特点?说明为什么在自动安检线上应使用检测仪?

(5)前照灯检测仪有哪几种类型?

(6)全自动前照灯检测仪是如何实现自动追踪光轴的?

学习任务2　汽车车速表检测

1．理解车速表误差的形成原因;
2．掌握汽车车速表试验台的结构与工作原理;
3．理解车速表检测标准与结果分析;
4．正确使用汽车车速表试验台。

一、任务分析

汽车驾驶室内仪表台上的车速表是驾驶人判断汽车行驶速度的重要仪表,它能随时向

驾驶人提供车速信息,为驾驶人正确控制车速提供重要依据。车速表经长期使用后,其指示误差会越来越大,车速表指示不准或出现故障将直接影响驾驶人对行车速度的判断,从而影响到行车的安全。因此,为保障行车的安全,国家标准《机动车运行安全技术条件》(GB7258—2012)对汽车车速表指示的要求做出了具体规定,并将车速表的检测列为汽车安全性能的必检项目。本任务要求学生能利用车速表试验台科学地测出车速表的技术状况。

二、相关知识

为了保障在用汽车的车速表符合国家标准的要求,国家规定了所有汽车必须定期进行检测,一旦发现汽车车速表误差超出规定范围,便要对汽车车速表系统进行检修,只有恢复到正常误差范围之内才能上路行驶。不管是对汽车进行检修还是对汽车进行检测,都必须由汽车维修专业人员完成。汽车维修专业人员要完成上述检测及检修任务,就必须掌握汽车车速表试验台的结构、工作原理及其科学操作等知识。

1. 车速表误差的形成与测量原理

1) 车速表误差形成的原因

汽车车速表的误差往往会随着汽车使用时间的延长而逐渐增大。造成车速表失准的原因,主要有两个方面:一方面是车速表自身的问题;另一方面与轮胎的状况有关。

(1) 车速表自身的原因。不论是磁电式或电子式车速表,其主轴都是由与变速器相连的软轴驱动的。对于磁电式车速表(车速表常与里程表做在一起,图6-15),当主轴旋转时,与主轴固定连接的永久磁铁也一起旋转,其磁场会在铝罩上感应涡流,产生的涡流力矩引起铝罩偏转并带动游丝和指针偏转,最后达到涡流力矩与游丝的弹性反力矩相平衡。车速越高,涡流力矩越大,指针偏转的角度也越大。对于电子式车速表来说,主轴的转动会引起传感器产生与主轴转速成正比的脉冲信号,经电子线路放大后,传递到仪表,引起指针偏转或给出数字指示。

当汽车长期使用后,车速表内带指针的活动转盘、带永久磁铁的转轴以及轴承、齿轮、游丝等机械零件和磁性元件,随着汽车行驶里程的增加,这些零件在工作过程中不可避免地要产生磨损,永磁元件可能退磁老化,这些因素都会造成车速表指示值误差增大。

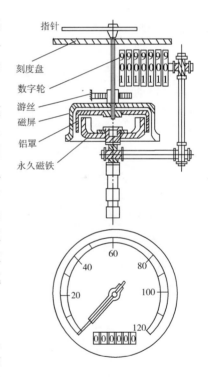

图6-15 磁感应式车速表

(2) 轮胎方面的原因。由车速表的工作原理可知,车速表的指示值仅仅是与车轮的转速成正比,而汽车行驶的速度相当于驱动轮的线速度,显然线速度不仅与转动速度有关,还与车轮的半径有关。

理论上,若驱动轮半径为 r,其转速为 n,则可以算出汽车行驶的线速度为

$$v = 0.377 \frac{rn}{i_g i_0}$$

式中：v——汽车行驶速度，km/h；

r——车轮滚动半径，mm；

n——发动机的转速，r/min；

i_g——变速器传动比；

i_0——主减速器传动比。

实际上，由于轮胎是一个充气的弹性体，所以汽车行驶时，轮胎在受到垂直荷载、车轮驱动力和地面阻力等作用下会发生弹性变形；另外，由于轮胎磨损、气压不符合标准（过高或不足）等原因也会影响车轮半径的变化。因此，即使在驱动轮转速不变（车速表的指示值也不变）的情况下，上述原因也会引起实际车速与车速表指示值不一致的现象。因此，为了行车安全，定期校验车速表是十分必要的。

2）车速表误差的测量原理

车速表误差的测量原理是以车速表试验台的滚筒作为连续移动的路面，把被测车轮置于滚筒上旋转，来模拟汽车在路面上行驶时的实际状态，进行车速表误差的检测，如图6-16所示。

试验时，将汽车驱动轮置于滚筒上，由发动机经传动系驱动车轮旋转，车轮借助于轮胎的摩擦力带动滚筒转动。滚筒端部装有测速发电机（即速度传感器），测速发电机的转速随滚筒转速的增高而增加，而滚筒的转速与车速成正比，因此测速发电机发出的电压也与车速成正比。滚筒的线速度、圆周长与转速之间的关系，可用下式表达：

$$v = 60Ln \times 10^{-6}$$

式中：v——滚筒的线速度，km/h；

L——滚筒的圆周长，mm；

n——滚筒的转速，r/min。

因车轮的线速度与滚筒的线速度相等，故上述的计算值即为汽车的实际车速值，该值在试验时由试验台上的速度指示仪表显示。车轮在滚筒上转动时，车速表的软轴也由变速器输出轴带动旋转，并在车速表上显示车速值，即车速表指示值。将上述试验台上速度指示仪表上显示的实际车速值与车速表上显示的车速指示值相比较，即可得出车速表的误差。

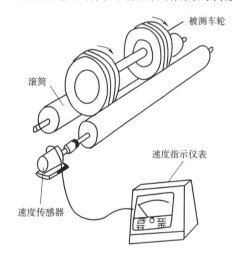

图6-16 车速表误差的测量原理

2. 车速表试验台的结构

车速表试验台有3种类型：无驱动装置的标准型，它依靠被测车轮带动滚筒旋转；有驱动装置的驱动型，它由电动机驱动滚筒旋转；把车速表试验台与制动试验台或底盘测功试验台组合在一起的综合型。

1）标准型车速表试验台

标准型车速表试验台主要由滚筒、举升器、测量装置、显示仪表及辅助装置等部分组成，主要结构如图6-17所示。

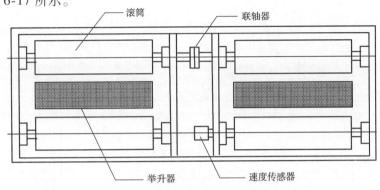

图6-17 车速表试验台结构示意图

（1）滚筒部分。车速表试验台左右各有两个滚筒，用于支撑汽车的驱动轮。在测试过程中，为防止汽车的差速器起作用而造成左右驱动轮转速不等，前面的两个滚筒是用联轴器连在一起的。滚筒多为钢制，表面有防滑材料，直径多在175～370mm之间，为了标定时换算方便，直径多为176.8mm，这样滚筒转速为1200r/min时，正好对应滚筒表面的线速度为40km/h。

（2）举升器。举升器置于前后两个滚筒之间，多为气动装置，也有液压驱动和电动机驱动的。测试时，举升器处于下方，以便滚筒支撑车轮。测试前，举升器处于上方，以便汽车驶上试验台，测试后，靠气压（或液压、电动机）升起举升器，顶起车轮，以便汽车驶离试验台。

（3）测量元件。测量元件即测量转速的传感器，其作用是测量滚筒的转动速度。通过转速传感器将滚筒的速度转变成电信号（模拟信号或脉冲信号），再传递到显示仪表。常用的转速传感器有测速发电机式、光电编码器式和霍尔元件式等。

①测速发电机式：测速发电机是一种永磁发电机，由于制作精密，它能够产生几乎与转速完全成正比的电压信号（图6-18），将它安装在滚筒一端。当滚筒转动时，测速发电机就可以输出与转速成正比的电压，此信号经放大和A/D转换后传递到单片机处理。

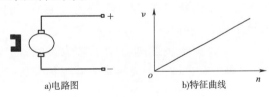

图6-18 直流永磁测速发电机电路图及特征

②光电编码式（图6-19）：它有一个带孔或带齿的编码盘，安装在滚筒的一端并随滚筒转动。有一对由光源和光接收器组成的光电开关，其中光源一般是发出红外光，光接收器多由光敏晶体管和放大电路组成，可将收到的光信号变为电信号。光源和光接收器分别置于编码盘的两侧，并彼此对准。当编码盘转动时，光源发出的光线周期性地被遮住，于是光接收器将收到断续的光信号，并转换成一系列的电脉冲（脉冲信号），脉冲频率与滚筒转速成正比。将此脉冲信号经过光电隔离等环节之后，也传递到单片机处理。

③霍尔元件式（图6-20）：霍尔元件是利用霍尔效应原理，将带齿的圆盘固定在滚筒一端，并随滚筒一起转动，当圆盘的齿未经过磁导板时，有磁场经过霍尔元件，因而感应霍尔电动势。当圆盘的齿经过磁导板时，磁场被短路，霍尔电动势消失，所以霍尔元件可以产生与

速度成正比的脉冲信号。此脉冲信号同样经过一定的隔离处理后,传递到单片机。

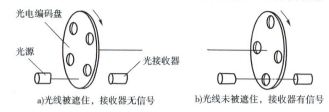

图6-19 光电式速度传感器原理图

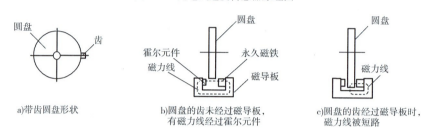

图6-20 霍尔元件式速度传感器原理图

④显示仪表(或显示器)。目前多用智能型数字显示仪表,也就是一个单片机系统。来自传感器的信号经放大、模/数(A/D)转换或经滤波整形后进入单片机处理,再输出显示测量结果。在全自动检测线上也有直接把速度传感器信号接到工位机(或主控机)上直接进行处理的。

⑤辅助部分:

a. 安全装置:车速表试验台滚筒两侧设有挡轮,以免检测时车轮左右滑移损坏轮胎或设备。

b. 滚筒抱死装置:汽车测试完毕出车时,如果只依靠举升器,可能造成车轮在前滚筒上打滑。为了防止打滑,增加滚筒抱死装置,与举升器同步,举升器升起的同时,抱死滚筒,举升器下降时放开。

c. 举升保护装置:车辆在车速表试验台上运转时,举升器突然上升会导致严重的安全事故,因而车速表试验台设有举升器保护装置(软件或硬件保护),以确保滚筒转速低于设定值后(如5km/h)才允许举升器上升。

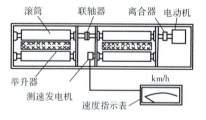

图6-21 驱动型车速表试验台

2)驱动型车速表试验台

多数汽车的车速表转速信号,取自变速器或分动器的输出轴,但对于后置发动机的汽车,由于驱动车速表的软轴过长会出现传动精度和寿命等方面的问题,所以转速信号取自前轮。驱动型车速表试验台就是为了适应后置发动机汽车的试验而制造的,它的结构(图6-21)基本上与标准型车速表试验台相同,不同的是在滚筒的一端装有电动机,用以驱动滚筒,再带动汽车从动轮旋转。

这种试验台在滚筒与电动机之间装有离合器,若试验时将离合器分离,又可作为标准型试验台使用。

三、任务实施

车速表的检测方法因试验台的牌号、形式而异,应根据使用说明书进行操作。这里仅介绍一般的检测方法。

1. 检测前的准备

1) 试验台的准备

(1) 在滚筒静止状态检查指示仪表是否在零点位置上,若有偏差,可用零点调整旋钮(或零点调整电位计)调整。

(2) 检查滚筒上是否沾有油、水、泥等杂物。若有,要清除干净。

(3) 检查举升器动作是否自如和有无漏气部位。若有阻滞或漏气部位,应予修理。

(4) 检查导线的接触情况。若有接触不良或断路,应予修理或更换。

(5) 经常使用的试验台,不一定每次使用前都要进行上述检查。

2) 被测车辆的准备

(1) 轮胎气压应符合汽车制造厂的规定。

(2) 轮胎沾有水、油等或轮胎花纹沟槽内嵌有小石子时,应清除干净。

2. 检测方法

(1) 接通试验台电源。

(2) 升起滚筒间的举升器。

(3) 将被测车输出车速信号的车轮尽可能与滚筒成垂直状态地停放在试验台上。

(4) 降下滚筒间的举升器,至轮胎与举升器托板脱离为止。

(5) 用挡块抵住位于试验台滚筒之外的一对车轮,防止汽车在测试时滑出试验台。

(6) 使用标准型试验台时应作如下操作:

①起动汽车,待汽车的驱动轮在滚筒上稳定后,换入最高挡,踩下加速踏板使驱动轮平稳地加速运转。

②当汽车车速表的指示值 v_1 达到规定检测车速(40km/h)时,读出试验台速度指示仪表的指示值 v_2;或当试验台速度指示仪表的指示值达到检测车速时,读取车速表的指示值。

(7) 使用驱动型试验台时应作如下操作:

①接合试验台离合器,使滚筒与电动机连在一起。

②将汽车的变速器换入空挡,接通试验台电源,使电动机驱动滚筒旋转。

③当汽车车速表达到检测车速时,读取试验台速度指示仪表的指示值;或当试验台速度指示仪表达到检测车速时,读取汽车车速表的指示值。

(8) 测试结束后,轻轻踩下汽车制动踏板,使滚筒停止转动。对于驱动型试验台,必须先关断电源再踩制动踏板。

(9) 升起举升器,去掉挡块,汽车驶离试验台。

(10) 切断试验台电源。

3. 车速表试验台的使用及维护

1) 使用注意事项

(1) 测试前应先检查车辆的轴重应在试验台的允许范围之内。

(2) 严禁车辆在试验台上作紧急制动。

(3)测试过程中严禁升起举升器。

(4)对于前轮驱动车辆,应操纵转向盘确保汽车在测试过程中前轮保持直线行驶状态。

(5)驱动型车速表试验台作为标准型车速表试验台使用时,一定要将离合器分离,使滚筒与电动机脱开。

(6)如果举升器是气压的,则在测试完毕后务必使举升器汽缸处于充气状态。

(7)试验台不检测时,禁止在上面停放车辆。

2)试验台的维护

(1)每日维护。检查并调整滚筒静止时仪表的零点位置;检查滚筒表面是否沾有油、水、泥等杂物,若有,予以清除;检查举升器动作是否自如和有无漏气(或漏油)部位,若有问题,予以修复;检查导线的连接情况,若有接触不良或断路,应予修复。

(2)季度维护。除每日的检查内容外还应进行下列检查:检查滚筒的运转状况有无异响、损伤,运转是否平稳;检查联轴器是否松旷;检查传感器固定情况,插头有无松动;检查滚筒制动器的磨损情况,当举升器升起后,被检车辆驶离试验台时,车轮不应带动滚筒旋转。

(3)年度维护。按《滚筒式汽车车速表检验台检定规程》(JJG 004—2005)规定内容逐项检查,并进行相应的维护。该检定规程对滚筒式车速表试验台的技术要求如下:

①外观及性能:车速表试验台应有清晰的铭牌和标志;仪表为数字显示时,显示应正确、清晰,显示值保留时间不少于8s。配有打印装置时,其打印结果应清楚,不应有缺笔短画的现象;显示仪表为指针式时,表盘应清晰,指针运转平稳,不允许有松动和弯曲现象;机械、电气部分应完整无损,工作可靠;升降机构工作应协调平稳,不漏气(油);滚筒表面完好,运转自如,轴承工作时无异响;外露焊缝平整,涂漆色泽均匀、光滑、美观。

②零值允许误差应小于±1km/h。

③示值允许误差,在3km/h以上时,新制造的车速试验台不大于±1%;使用中的车速表试验台不大于±3%。

④滚筒表面的径向圆跳动量:新制造的不大于0.40mm;使用中的不大于1.00mm。

⑤滚筒表面局部磨损率不得超过其标称直径的1%。

⑥平均每个轴承的起动转矩不大于0.5N·m。

4. 检测标准及检测结果分析

国家标准《机动车运行安全技术条件》(GB 7258—2012)中规定:车速表指示误差(最高设计车速不大于40km/h的机动车除外),车速表指示车速v_1与实际车速v_2之间应符合下列关系式:$0 \leq v_1 - v_2 \leq (v_2/10) + 4$,即将被测机动车的车轮驶上车速表试验台的滚筒上使之旋转,当该机动车车速表指示值(v_1)为40km/h时,车速表试验台速度指示仪表的指示值(v_2)为32.8~40km/h范围内为合格。或车速表试验台速度指示仪表的指示值(v_2)为40km/h时,读取该机动车车速表指示值(v_1),v_1在40~48km/h范围内为合格。

一、填空题

(1)汽车车速表的误差往往会随着汽车使用时间的延长而逐渐_____。造成车速表失准的原因,主要有两个方面:一方面是_____;另一方面_____。

(2)由车速表的工作原理可知,车速表的指示值仅仅是与车轮的转速成正比,而汽车行驶的速度相当于驱动轮的线速度,显然线速度不仅与转动速度有关,还与_____有关。

(3)车速表试验台有3种类型:_____、_____及_____。

(4)标准型车速表试验台主要由_____、_____、_____、_____及_____等组成。

二、判断题

(1)后置发动机的汽车转速信号取自后轮。( )

(2)滚筒的线速度就是汽车的实际车速值。( )

(3)被测车辆的轮胎气压可以小于汽车制造厂的规定。( )

(4)轮胎沾有水、油等或轮胎花纹沟槽内嵌有小石子时,应清除干净。( )

三、选择题

(1)国家标准《机动车运行安全技术条件》(GB 7258—2012)规定的车速表误差公式为( )。

A. $0 \leq v_1 - v_2 \leq (v_2/10) + 4$ B. $v_1 - v_2 \leq (v_2/10)$ C. $v_1 - v_2 \leq (v_2/10) + 4$

(2)对汽车车速表进行检测前,不应该( )。

A. 检查胎压   B. 清理轮胎   C. 拉紧驻车制动器   D. 给车轮垫三角挡块

(3)最新国家标准规定,车速表指示为40km/h时,实际车速应为( )为合格。

A. 40~48km/h   B. 32.8~40km/h

C. 等于40km/h   D. 小于40km/h

(4)将被测机动车的车轮驶上车速表试验台的滚筒上使之旋转,当该机动车车速表的指示值(v_1)为40km/h时,车速表试验台速度指示仪表的指示值(v_2)为( )范围内为合格。

A. 38~48km/h   B. 40~48km/h

C. 33.3~42.1km/h   D. 32.8~40km/h

(5)车速表试验台的举升保护装置的作用是( )。

A. 防止车轮左右摆动   B. 制动滚筒   C. 当轮速低于某值时才能让举升器上升

四、问答题

(1)车速表误差是如何形成?简述车速表误差测量原理?

(2)按照GB 7258—2012的有关规定,车速表允许的误差范围是什么?

(3)当车轮轮胎磨损后,车速表指示的数值将偏快还是偏慢?为什么?

(4)某车在滚筒试验台上校验车速表,当车速表的读数为40km/h时,试验台测出的实际车速是41.1km/h,该车速表是否合格?

(5)叙述车速表试验台的基本结构与工作原理?

(6)常见的速度传感器有哪几种形式?分别属于什么类型的信号。

项目7 汽车排放与噪声检测

学习任务1 汽车排放检测

1. 了解汽车排放污染物的主要成分及危害;
2. 了解我国现行汽车排放检测相关标准;
3. 理解汽车排放检测设备结构与原理;
4. 掌握汽车排放污染物检测方法;
5. 能正确使用排放检测设备检测汽车排放污染物。

一、任务分析

据统计,全国汽车污染量约占污染总量的70%。城市空气中90%以上的CO、60%以上的HC和30%以上的NO_x均来自汽车排放。而现在,全球汽车保有量已经高达10亿辆,10亿辆汽车1年大约将排放25亿t CO_2,长期下去,这会对地球和人类造成极大的危害。

为了有效地控制汽车排放污染物的扩散,就必须制定相关的一些标准,必须加强对汽车排气污染物的检测。而如何进行检测以及对检测结果的分析,就是汽车检测人员必须掌握的知识。众所周知,其排放污染物并不是单一的气体,有些成分对环境是无害的,而如何在这些废气中检测出有害气体的含量是否超出了有关标准,这就需要我们熟悉汽车排放污染物的种类、现行的有关标准以及检测仪器设备的使用方法,只有这样,才能正确对汽车排放污染物进行检测。

二、相关知识

1. 汽车排放污染物的主要成分及其危害

目前汽车排放气体对大气的严重污染已发展成世界性问题,引起了人们的高度关注。尤其是在一些大中城市,随着汽车保有量的增加,汽车的生产、销售、使用、报废带来了环境大气危害和城市的空气污染。如汽车排放的二氧化碳(CO_2)、硫化物(SO_x)[指一氧化硫(SO)和二氧化硫(SO_2)]、氮氧化物(NO_x)[指一氧化氮(NO)和二氧化氮(NO_2)]、氟氯烃等使温室效应、臭氧层破坏和酸雨等大气环境问题变得更为严重;汽车排出的CO、NO_x、SO_x、未燃碳氢化合物(HC)、颗粒物(PM)和臭味气体等污染了空气,对人类和动物、植物危害甚大。

汽车排放污染物造成的环境污染情况将日趋严重,所以对汽车排放污染物的监控与防治,已处于刻不容缓的地步。

1)一氧化碳(CO)

CO是汽油烃类成分燃烧的中间产物,其燃烧过程如下

$$C_mH_n + \frac{m}{2}O_2 = mCO + \frac{n}{2}H_2$$

如空气量充足则有

$$2CO + O_2 = 2CO_2$$
$$2H_2 + O_2 = 2H_2O$$

根据反应式可知:理论上,当混合气空燃比≥14.7:1时,即在氧气充足情况下,排气中将不含CO而代之产生CO_2和未参加燃烧的O_2。但现实中由于混合气的分布并不均匀,总会出现局部缺氧的情况,当空气量不足,即混合气空燃比≤14.7:1时,必然会有部分燃料不能完全燃烧而生成CO。比如发动机在怠速时,燃烧的混合气偏浓,此时发动机工作循环中的气体压力与温度不高,混合气的燃烧速度减慢,就会引起不完全燃烧,使CO的浓度增加。发动机在加速和大负荷范围工作或点火时刻过分推迟时也会使尾气中CO的浓度增高。同时即使燃料和空气混合很均匀,由于燃烧后的高温,已经生成的CO_2也会有小部分被分解成CO和O_2。另外排气中的H_2和未燃烃HC也可能将排气中的部分CO_2还原成CO。总之,空燃比是影响排气中CO含量的主要因素。

CO是一种无色、无刺激的气体,是汽车发动机排气中有害浓度最大的成分。人体吸入的CO很容易和血红蛋白结合并输送到体内,阻碍血红素带氧,造成体内缺氧而引起窒息。

2)碳氢化合物(HC)

排气中的HC是由未燃烧的燃料、不完全氧化产物以及燃烧过程中部分被分解的产物所组成。当混合气过稀或缸内废气过多时会出现火焰传播不充分,即燃烧室部分地区由于混合气过稀或缸内残余废气系数过高而不能燃烧,出现断火。这时,排气中的HC浓度会显著增加。

碳氢化合物总称烃类,是发动机未燃尽的燃料分解产生的气体,汽车排放污染物中的未燃烃的20%~25%来自曲轴箱窜气;20%来自化油器与燃油箱的蒸发;其余55%由排气管排出。

单独的HC只有在浓度相当高的情况下才会对人体产生影响,一般情况下作用不大,但它却是产生光化学烟雾的重要成分。

3)氮氧化合物(NO_x)

氮氧化物主要指一氧化氮(NO)和二氧化氮(NO_2),它是由排气管排出。试验证明供给略稀的混合气(空燃比≥15.5)会增大NO_x的排放量。汽油机排出的氮氧化物中,NO占99%,而柴油机排出的氮氧化物中NO_2比例稍大。高浓度的NO能引起神经中枢的障碍,并且容易氧化成剧毒的NO_2,NO_2有特殊的刺激性臭味,严重时会引起肺气肿。

HC与NO_2的混合物在紫外线作用下进行光化学反应,由光化学过氧化物而形成的黄色烟雾,其主要成分是臭氧(O_3),该现象称为"光化学烟雾"。在大气中产生臭氧等过氧化物,对人的眼、鼻和咽喉黏膜有较强的刺激作用,引起结膜炎、鼻炎、支气管炎等症状,并伴随

有难闻的臭味,严重时可致癌。1943年美国发生的洛杉矶烟雾事件,1952年伦敦的烟雾事件,以及1970年日本的四日市事件,都是最有代表性的光化学烟雾事件。在这些大气污染事件中,受害和死亡的人数竟以千计。1995年,我国的成都、上海发生了光化学烟雾,北京和南宁分别于1998年和2001年也发生过光化学烟雾事件。

4) 微粒(PM)

汽油机中的主要微粒是铅化物、硫酸盐、低分子物质;柴油机中的主要微粒是石墨形的含碳物质(炭烟)和高分子量有机物(润滑油的氧化和裂解产物)。柴油机的微粒量比汽油机多30~60倍,成分比较复杂。特别是炭烟,主要由直径0.1~10μm的多孔性炭粒构成,它除了会被人体吸入肺部沉淀下来外,还往往黏附有SO_2及致癌物质,严重危害人体健康。

由燃烧室排放出的颗粒物(Particulate Matter)有3个来源:一是不可燃物质;二是可燃的但未进行燃烧的物质;三是燃烧生成物。燃烧过程排出的颗粒物质的组成中大部分是固态炭,火焰中形成的固体炭粒称为炭黑。炭黑可以在燃烧纯气体燃料时形成,但更多的则是在燃烧液体燃料时形成。颗粒物质的组成中除炭黑外还有碳氢化合物、硫化物和含金属成分的灰分等。含金属成分的颗粒物主要来自于燃料中的抗爆剂、润滑油添加剂以及运动产生的磨屑等。

柴油发动机燃料燃烧不完全时,其内含有大量的黑色炭颗粒。形成的炭烟能影响道路上的能见度,并因含有少量的带有特殊臭味的乙醛,往往引起人们恶心和头晕。炭烟不仅本身对人的呼吸系统有害,而且炭烟粒的孔隙中往往吸附着二氧化硫及有致癌作用的多环芳香烃等。

5) 硫氧化物

汽车尾气中硫氧化物的主要成分为二氧化硫(SO_2)。当汽车使用催化净化装置时,即使很少量的SO_2也会逐渐在催化剂表面堆积,造成所谓催化剂中毒,不但危害催化剂的使用寿命,还危害人体健康,而且SO_2还是造成酸雨的主要物质。

6) 二氧化碳

世界工业化进程引起的能源大量消耗,导致大气中CO_2的剧增,其中约30%来自汽车排气。CO_2为无色无毒气体,对人体无直接危害,但大气中CO_2的大幅度增加,因其对红外热辐射的吸收而形成温室效应,会使全球气温上升、南北极冰层融化、海平面上升、大陆腹地沙漠趋势加剧,使人类和动植物赖以生存的生态环境遭到破坏。因此,近年来CO_2的控制也已上升为汽车排放研究的重要课题。

除以上几种物质外,还有臭气。它由多种成分组成,主要是燃料的不完全燃烧产物,如甲醛、丙烯醛等,当汽车停留在街道路口时,产生这些物质较多,它能刺激眼睛的黏膜。除了与燃烧条件有关外,臭气的产生还与燃料的组成有关,随着燃料中芳香烃的增加,排气中的甲醛略有减小,芳香烃的少许增加,可以适当减少臭气,但却增加了更容易产生光化学烟雾的芳烃。

2. 我国汽车排放检测的相关标准

我国的汽车排放标准是根据我国汽车排放污染物的历史与现状以及我国汽车环保技术发展的状况而制定的。随着国家对环境保护的不断重视,我国汽车排放污染物的标准不断得到更新与提升。特别是近年来,我国制定的一系列新的汽车排放标准,使我国的汽车污染物排放水准逐步接近国际先进水平。我国从1999年起汽车开始实施欧Ⅰ排放标准,同年停止含铅汽油的生产和使用,并不再生产化油器汽车。2004年7月1日我国轻型汽车全面实施国家第2阶段排放标准(相当于欧Ⅱ标准),重型车辆(最大总质量>3.5t)自2004年9月1日实施欧Ⅱ标准。自2005年7月1日起,我国所有机动车全面实施欧Ⅱ标准。从2007年7月1日起,我国所有新定型轻型车全面实施欧Ⅲ标准,而北京市于2005年7月1日就已率先实施轻型汽车尾气排放欧Ⅲ标准,上海也于2006年实施欧Ⅲ标准。也就是说自2007年7月1日以来,我国的汽车排放标准就已与国际上先进汽车排放标准相接轨。

从2007年7月1日起,我国排放污染物限值将实施的国家标准主要有《轻型汽车污染物排放限值及测量方法(中国Ⅲ、Ⅳ阶段)》(GB 18352.3—2005)、《车用压燃式、气体燃料点燃式发动机与汽车排气污染物排放限值及测量方法(中国Ⅲ、Ⅳ、Ⅴ阶段)》(GB 17691—2005)。

1)《轻型汽车污染物排放限值及测量方法(中国Ⅲ、Ⅳ阶段)》(GB 18352.3—2005)

标准规定了装用压燃式发动机的轻型汽车,在常温下排气污染物的排放限值及测量方法,污染控制装置的耐久性要求,以及车载诊断(OBD)系统的技术要求及测量方法。

标准也规定了轻型汽车型式核准的要求,生产一致性和在用车符合性的检查与判定方法。规定了燃用LPG或NG轻型汽车的特殊要求。

标准也规定了作为独立技术总成、拟安装在轻型汽车上的替代用催化转化器,在污染物排放方面的型式核准规程。标准适用于以点燃式发动机或压燃式发动机为动力、最大设计车速大于或等于50km/h的轻型汽车。不适用于已根据GB 17691(第Ⅲ阶段或第Ⅳ阶段)规定得到型式核准的N_1类汽车。

为贯彻落实《中华人民共和国环境保护法》、《中华人民共和国大气污染防治法》和国务院《大气污染防治行动计划》(国发〔2013〕37号),保护环境,保障人体健康,防治大气污染,2013年9月国家环境保护部又发布了《轻型汽车污染物排放限值及测量方法(中国Ⅴ阶段)》(GB 18352.5—2013)。本标准自发布之日起生效,即自发布之日起,可依据本标准进行新车型式核准。

同时,自2018年1月1日起,本标准将替代《轻型汽车污染物排放限值及测量方法(中国第Ⅲ、Ⅳ阶段)》(GB 18352.3—2005)。但在2023年1月1日之前,第Ⅲ、Ⅳ阶段轻型汽车的"在用符合性检查"仍执行GB 18352.3—2005的相关要求。

2)《车用压燃式、气体燃料点燃式发动机与汽车排气污染物排放限值及测量方法(中国Ⅲ、Ⅳ、Ⅴ阶段)》(GB 17691—2005)

标准规定了装用压燃式发动机汽车及其压燃式发动机所排放的气态和颗粒污染物的排放限值及测试方法,以及装用以天然气(NG)或液化石油气(LPG)作为燃料的点燃式发动机汽车及其点燃式发动机所排放的气态污染物的排放限值及测量方法。

标准适用于设计车速大于25 km/h的M_2、M_3、N_1、N_2和N_3类及总质量大于3500kg的M_1类机动车装用的压燃式(含气体燃料点燃式)发动机及其车辆的型式核准、生产一致性检查和在用车符合性检查。若装备压燃式(含气体燃料点燃式)发动机的N_1和M_2类车辆已经按照《轻型汽车污染物排放限值及测量方法(中国Ⅲ、Ⅳ阶段)》(GB 18352.3—2005)的规定进行了型式核准,则其发动机可不按本标准进行型式核准。

与 GB 17691—2001 比,标准加严了排气污染物排放限值;增加了装用以天然气或液化石油气作为燃料的点燃式发动机汽车及其点燃式发动机的气态污染物的排放限值及测量方法;改变了测量方法,试验工况由 ESC(稳态循环)、ELR(负荷烟度试验)和 ETC(瞬态循环)工况所构成,针对不同车型或不同控制阶段,应用不同的试验工况;从第Ⅳ阶段开始,增加了车载诊断系统(OBD)或车载测量系统(OBM)的要求,增加了排放控制装置的耐久性要求,增加了在用车符合性的要求。

标准增加了新型发动机和新型汽车的型式核准规程,改进了生产一致性检查及其判定方法。

3. 汽车排气污染物检测仪结构与工作原理

汽车排气中有害成分的含量是通过专用的汽车排气分析仪器进行测定的。目前,在汽车排气分析仪中,测定汽油车的有非分散型红外线分析仪、氢火焰离子型分析仪、化学发光分析仪等;测定柴油车的有滤纸式烟度计、消光式烟度计等。汽车综合性能检测站多采用非分散型红外线分析仪和滤纸式烟度计来测量汽车排气污染物的排放状况。

1)非分散型红外线两气体分析仪的结构与原理

分析仪是从汽车排气管内收集汽车的尾气,并对气体中所含有的 CO 和 HC 的浓度进行连续测定。它主要由尾气采集部分和尾气分析部分构成。

(1)尾气采集部分。如图 7-1 所示,尾气分析仪由探头、过滤器、导管、水分离器和泵等构成。用探测头、导管、泵从排气管采集尾气。排气中的粉尘和炭粒用过滤器滤除,水分用水分离器分离出去。最后,将气体成分输送到分析部分。

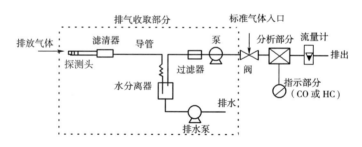

图 7-1 尾气分析仪结构示意图

(2)尾气污染物的分析部分。分析仪的测量原理是建立在一种气体只能吸收其独特波长的红外线特性基础上的,即基于大多数非对称分子对红外线波段中一定波长具有吸收功能,而且其吸收程度与被测气体的浓度有关,比如,CO 能够吸收波长 4.55μm 的红外光线,CH_4 能吸收波长 2.3μm、3.4μm、7.6μm 红外线。

电容微音器式分析仪由红外线光源、测量室(测定室、比较室)、回转扇片和检测器组成。从采集部分输送来的多种气体共存在尾气中,通过非分散型红外线分析部分分析测定气体(CO、HC)的浓度,用电信号将其输送到浓度指示部分。分析仪工作原理如图 7-2 所示,两个红外线光源发出两组分开的射线,这些射线被两旋转扇片同相地遮断,从而形成射线脉冲,射线脉冲经滤清室、测量室而进入检测室,测量室由两个腔室组成,一个是比较室,另一个是测定室。比较室中充有不吸收红外线的氮气,使射线能顺利通过。测定室中连续填充被测试的尾气,尾气中 CO 含量越高,被吸收的红外线就越多。检测室由容积相等的左右两个腔室组成,其间用一金属膜片隔开,两室中充有同摩尔数的 CO。由于射到检测室左室的红外线在通过测定室时,一部分射线已被排气中的 CO 吸收,而通过比较室到达检测室右室的红外线并未减少,这样检测室左右两室吸收的红外线能量不同,从而产生了温差,温度的差异导致了压力差的存在,使作为电容器一个表面的金属膜片弯曲,弯曲振动的频率与旋转扇片的旋转频率相符。排气中的 CO 浓度越大,振幅就越大。膜片振动使电容改变,电容的改变引起电压的变化,从而产生交变电压。交变电压经放大,整流成直流信号,变为被测成分浓度的函数,因此可用仪表测量。而 HC 由于受到其他共存气体的影响,所以使用固体滤光片,巧妙地利用了正己烷红外线吸收光谱。因此,样品室内共存的 CO、CO_2、NO_x 等 HC 以外的气体所产生的红外线被吸收,再经检测器窗口的选择和除去,仅让具有 HC(正己烷)$3.5\mu m$ 附近的波长到达检测室内。HC(正己烷)被封入检测器,样品室中的 HC(正己烷)吸收量也就被检测器检测出来。

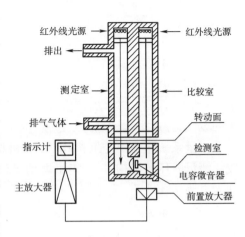

图 7-2 电容微音器式分析装置

2) 四气体与五气体分析仪简介

鉴于目前实施的怠速工况测定 CO、HC 两气体的排气检测手段已无法有效反映汽车排气中的 NO_x 和 CO_2,四气体与五气体分析仪可满足测量要求。四气体与五气体分析仪的区别在于五气体分析仪可检氮氧化合物(NO)。

五气体分析仪的测定:CO、CO_2、HC 通过非分散红外线不同波长能量吸收的原理来测定,可获得足够的测试精度;NO_x 与 O_2 的浓度采用氧传感器和一氧化氮传感器测定。

氧(O_2)传感器,其基本形式是由一个电解质阳极和一个空气阴极组成的金属—空气有限度渗透型电化学电池。氧传感器电流是一个电流发生器,其所产生的电流与氧的消耗率成正比,此电流可通过在输出端子跨接一个电阻以产生一个电信号。如果通入传感器的氧只是被有限度地渗透,就可利用上述信号测出氧的浓度。

在汽车废气检测方面应用的氧电池,使用一种塑料膜作为渗透膜,其渗透量受控于气体分子撞击膜壁上的微孔,如果气体压力增加,分子的渗透率增加。因此,输出的结果直接与氧的分压成正比且在整个浓度范围内呈线性响应。

由氧传感器输出的信号经放大后,送至仪器的数据处理系统的模/数(A/D)输入端,进行数字处理及显示。

NO 的传感器是基于 O_2 传感器基础上发展起来的电化学电池式传感器。

3) 柴油车烟度计结构与检测原理

(1) 滤纸式烟度计的结构与原理。从测量原理上来说,滤纸式烟度计是一种非直接测量的计量仪器,它通过检测测量介质被所测量烟度污染的程度大小来间接得出烟度的大小。在规定时间中,仪器的取样系统通过抽气泵、取样探头从柴油车的排气管内抽取规定容积废气,经过测量介质(测试过滤纸)过滤,废气中的炭粒附着在过滤纸上,形成一个规定面积的烟斑，然后通过测量系统的光电测量探头对烟斑的污染程度进行测量，转化为电信号，经过放大、处理，再将测试结果通过显示装置显示出来。

滤纸式烟度计其结构如图 7-3 所示，由采样器和检测器组成。采样抽气系统由抽气汽缸、抽气电动机、取样探头以及气路管道系统和控制电路组成。采样时，在控制电路的控制下，电动机带动汽缸运动，汽缸通过气路管道系统，取样枪从柴油车的排气管内抽取规定体积的废气，并通过测试过滤纸过滤，完成采样过程。

测量系统主要由走纸机构、压纸机构、光电测量探头以及测量电路和结果显示电路组成。测量时压纸机构张开，走纸电动机带动走纸机构，将被采样系统污染后的测试过滤纸带到光电测量探头下，光电测量探头对其进行测量，通过其内部的测量装置（图 7-4 所示的光电池）将滤纸污染程度转化为电信号，经过测量电路放大、处理，最后通过显示电路在数字表上将测量结果显示出来。

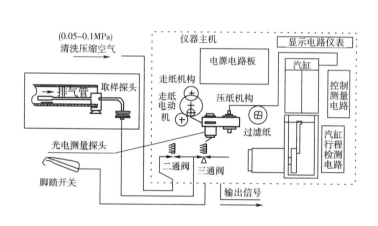

图 7-3　滤纸式烟度计总体结构示意图

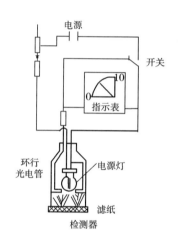

图 7-4　检测系统

（2）不透光度计的结构与原理。不透光度计（又称消光式烟度计、透射式烟度计）是利用透光衰减率来测量排气烟度的典型仪器。其原理是使光束通过一段给定长度的排烟管，通过测量排烟对光的吸收程度来决定排烟对环境的污染程度，是一种直接测量的计量仪器。

如图 7-5 所示，测量单元的测量室是一根分为左右两半部分的圆管，被测排气从中间的入口进入，分别穿过左圆管和右圆管，从左出口和右出口排出。透镜装在左出口的左边，反射镜装在右出口的右边。在透镜的左侧是一个放置成 45°的半反射半透射镜，它的下方是绿色发光二极管，它的左边是光电转换器，发光二极管及光电转换器到透镜的光程都等于透镜的焦距，因此，发光二极管发出的光经过半反射镜的反射，再通过透镜后就成为一束平行光。平行光从测量室的左出口进入，穿过左右圆管（测量室）中的烟气从右出口射出，被反射镜反射后折返，从测量室的右出口重新进入测量室，再次穿过烟气从左出口射出。射出的平行光经过透镜，穿过半透射镜，聚焦在光电转换器上，并转换成电信号。排气中含烟越多，平行光穿过测量室的光能衰减越大，经光电转换器 1 转换的光电信号就越弱。

项目7 汽车排放与噪声检测

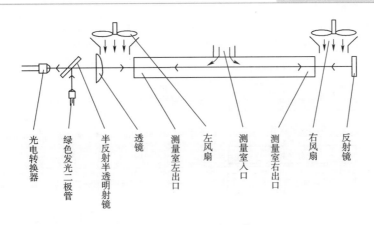

图 7-5 透光式烟度计的测量原理

三、任务实施

2005 年 7 月 1 日起,我国检测站对在用汽车排放污染物检测实施的国家标准主要有:《点燃式发动机汽车排气污染物排放限值及测量方法(双怠速法及简易工况法)》(GB 18285—2005)、《车用压燃式发动机和压燃式发动机汽车排气烟度排放限值及测量方法》(GB 3847—2005)、《装用点燃式发动机重型汽车燃油蒸发污染物排放限值》(GB 14763—2005)、《装用点燃式发动机重型汽车曲轴箱污染物排放限值》(GB 11340—2005)。

1. 汽车排气污染物检测方法

1)双怠速试验

(1)测量仪器:

①对于按照《轻型汽车排气污染物排放标准》(GB 14761.1—1993)的要求生产制造的点燃式发动机汽车和装用符合《车用汽油机排气污染物排放标准》(GB 14761.2—1993)点燃式发动机的汽车,使用的排放测量仪器应符合《汽油机动车怠速排气监测仪技术条件》(HJ/T 3—1993)的规定。

②对于按照《轻型汽车污染物排放限值及测量方法(Ⅰ)》(GB 18352.1—2001)或《(轻型汽车污染物排放限值及测量方法(Ⅱ)》(GB 18352.2—2001)的要求生产制造的点燃式发动机汽车以及装用符合《车用点燃式发动机及装用点燃式发动机汽车排气污染物排放限值及测量方法》(GB 14762—2002)第二阶段排放限值的点燃式发动机的汽车,使用的排放测量仪器包括取样管、软管、泵、水分离器、过滤器、零气端口、校准端口、探测元件数据系统和显示器件控制调整装置。

(2)测量程序(图 7-6):

①应保证被检测车辆处于制造厂规定的正常状态,发动机进气系统应装有空气滤清器,排气系统应装有排气消声器,并不得有泄漏。

②应在发动机上安装转速计、点火正时仪、冷却液和润滑油测温计等测量仪器。测量时,发动机冷却液和润滑油温度应不低于 80℃,或者达到汽车使用说明书规定的热车状态。

③发动机从怠速状态加速至 70% 额定转速,运转 30s 后降至高怠速状态。将取样探头插入排气管中,深度不少于 400 mm,并固定在排气管上。维持 15s 后,由具有平均值功能的

仪器读取 30s 内的平均值,或者人工读取 30s 内的最高值和最低值,其平均值即为高怠速污染物测量结果。对于使用闭环控制电子燃油喷射系统和三元催化转化器技术的汽车,还应同时读取过量空气系数(λ)的数值。

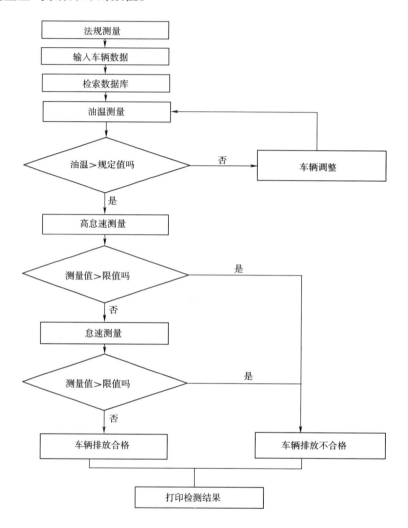

图 7-6 双怠速法仪器测量程序

④发动机从高怠速降至怠速状态 15s 后,由具有平均值功能的仪器读取 30s 内的平均值,或者人工读取 30s 内的最高值和最低值,其平均值即为怠速污染物测量结果。

⑤若为多排气管时,取各排气管测量结果的算术平均值作为测量结果。

⑥若车辆排气管长度小于测量深度时,应使用排气加长管。

(3)单一燃料车和两用燃料车。对于单一燃料汽车,仅按燃用气体燃料进行排放检测;对于两用燃料汽车,要求对两种燃料分别进行排放检测。

(4)测量结果判定:

①如果检测污染物有一项超过规定的限值,则认为排放不合格。

②对于使用闭环控制电子燃油喷射系统和三元催化转化器技术的车辆,如果检测的过

量空气系数(λ)超出相应要求,则认为排放不合格。

(5)在用汽车的排放监控。自 2005 年 7 月 1 日之日起,全国点燃式发动机在用汽车排放监控,双怠速法排气污染物排放限值及测量方法;在机动车保有量大、污染严重的地区,也可按简易工况法。

2)稳态工况法

(1)测试运转循环。在底盘测功机上的测试运转循环由 ASM5025 和 ASM2540 两个工况组成,如图 7-7 所示、见表 7-1。

稳态工况法(ASM)试验运转循环表 表 7-1

工 况	运 转 次 序	速度(km/h)	操作时间(s)	测试时间(s)
5025	1	25	5	
	2	25	15	
	3	25	25	10
	4	25	90	65
2540	5	40	5	
	6	40	15	
	7	40	25	10
	8	40	90	65

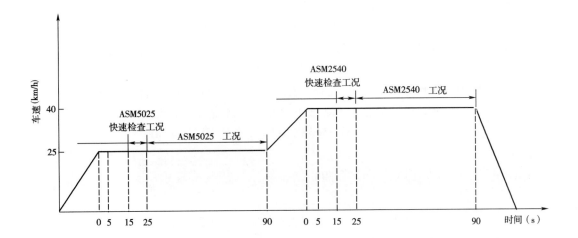

图 7-7 稳态工况法(ASM)试验运转循环

(2)测试程序:

①车辆驱动轮位于测功机滚筒上,将分析仪取样探头插入排气管中,深度为 400 mm,并固定于排气管上。对独立工作的多排气管应同时取样。

②ASM 5025 工况。车辆经预热后,加速至 25 km/h,测功机根据测试工况要求加载,工况计时器开始计时($t=0s$),车辆保持 25km/h ± 1.5km/h 等速 5s 后开始检测。当测功机转速和转矩偏差超过设定值的时间大于 5s,检测应重新开始。然后系统根据规定开始预置 10s 后开始快速检查工况,计时器为 $t=15s$ 时分析仪器开始测量,每秒测量一次,并根据稀释修正系数及湿度修正系数计算 10s 内的排放平均值。运行 10s($t=25s$)ASM 5025 快速检查工

况结束。车辆运行至 90s($t=90$s) ASM 5025 工况结束。

注意:测功机在车速 25.0km/h ± 1.5km/h 的允许误差范围内,加载转矩应随车速的变化做相应的调整,保证加载功率不随车速改变。转矩允许误差为该工况设定转矩的 ±5%。

在测量过程中,任意连续 10s 内第一秒至第十秒的车速变化相对于第一秒小于 ±0.5km/h,测试结果有效。快速检查工况的 10s 内的排放平均值经修正后如果等于或低于限值的 50%,则测试合格,检测结束;否则应继续进行至 90s 工况。如果所有检测污染物连续 10s 的平均值均低于或等于限值,则该车应判定为 ASM 5025 工况合格,继续进行 ASM 2540 检测;如任何一种污染物连续 10s 的平均值超过限值,则测试不合格,检测结束。在检测过程中如任意连续 10s 内的任何一种污染物 10 次排放值经修正后均高于限值的 500%,则测试不合格,检测结束。

③ASM 2540 工况。车辆从 25 km/h 直接加速至 40 km/h,测功机根据测试工况要求加载,工况计时器开始计时($t=0$s),车辆保持 40 km/h ± 1.5 km/h 等速 5s 后开始检测。当测功机转速和转矩偏差超过设定值的时间大于 5s,检测应重新开始。然后系统根据规定开始预置 10s 之后开始快速检查工况,计时器为 $t=15$s 时分析仪器开始测量,每秒测量一次,并根据稀释修正系数及湿度修正系数计算 10s 内的排放平均值。运行 10s($t=25$s) ASM 2540 快速检查工况结束。车辆运行至 90s($t=90$s) ASM 2540 工况结束。

注意:测功机在车速 40.0 km/h ± 1.5 km/h 的允许误差范围内,加载转矩应随车速的变化做相应的调整,保证加载功率不随车速改变。转矩允许误差为该工况设定转矩的 ±5%。在测量过程中,任意连续 10s 内第一秒至第十秒的车速变化相对于第一秒小于 ±0.5km/h,测试结果有效。快速检查工况的 10s 内的排放平均值经修正后如果等于或低于限值的 50%,则测试合格,检测结束;否则应继续进行至 90s 工况。如果所有检测污染物连续 10s 的平均值均低于或等于限值,则该车应判定为合格。如任何一种污染物连续 10s 的平均值超过限值,则测试不合格,检测结束。在检测过程中如任意连续 10s 内的任何一种污染物 10 次排放值经修正后如高于限值的 500%,则测试不合格,检测结束。

3)在用汽车自由加速试验不透光烟度法

(1)试验条件:

①试验应在汽车上进行。

②试验前不应长时间怠速,以免燃烧室温度降低或积污。

③国家检测规定中关于取样和测量仪器的条件也适用本试验。

④试验采用符合国家标准的商品燃料。

(2)车辆准备:

①车辆在不进行预处理的情况下也可以进行试验。出于安全考虑,必须确保发动机处于热状态,并且机械状态良好。

②发动机应充分预热,例如:在发动机机油标尺孔位置测得的机油温度应至少为 80℃;如果温度低于 80℃,发动机也应处于正常运转温度。因车辆结构,无法进行温度测量时可以通过其他方法使发动机处于正常运转温度,例如,通过控制发动机冷却风扇。

③采用至少 3 次自由加速过程或其他等效方法对排气系统进行吹拂。

(3)试验方法:

①目测检测车辆的排气系统的相关部件是否泄漏。

②发动机,包括所有装有废气涡轮增压的发动机,在每个自由加速循环的起点均处于怠速状态。对重型发动机,将加速踏板放开后至少等待10s。

③在进行自由加速测量时,必须在1s内,将加速踏板快速、连续地完全踩到底,使喷油泵在最短时间内供给最大油量。

④对每一个自由加速测量,在松开加速踏板前,发动机必须达到断油点转速。对带自动变速器的车辆,则应达到制造厂申明的转速(如果没有该数据值,则应达到断油转速的2/3)。关于这一点,在测量过程中必须进行检查,例如:通过监测发动机转速,或延长加速踏板踏到底后与松开加速踏板前的间隔时间,对于重型汽车,该间隔时间应至少为2s。

⑤计算结果取最后3次自由加速测量结果的算术平均值。在计算均值时,可以忽略与测量均值相差很大的测量值。

(4)在用汽车自由加速试验不透光烟度法排放合格性判定。上述测试结果应满足前面介绍的在用汽车光吸收系数的限值要求,则该车排放合格。

4)在用汽车自由加速试验滤纸烟度法

本标准适用于装有柴油发动机、最大总质量大于400kg,最大设计车速大于或等于50km/h的汽车。

(1)自由加速工况。在发动机怠速下,迅速但不猛烈地踩下加速踏板,使喷油泵供给最大油量。在发动机达到调速器允许的最大转速前,保持此位置。一旦达到最大转速,立即松开加速踏板,使发动机恢复至怠速。

(2)自由加速滤纸式烟度。在自由加速工况下,从发动机排气管抽取规定长度的排气柱所含的炭烟,使规定面积的清洁滤纸染黑的程度,称为自由加速滤纸式烟度。

(3)测量仪器技术要求:

①规定采用滤纸式烟度计(以下简称烟度计)。该烟度计由取样系统和测量系统组成,除本标准提出的特殊要求外,其技术参数和要求应符合HJ/T4—1993的规定。

②取样系统:取样系统由取样探头、抽气装置、清洗装置和取样用连接管组成。

a. 取样探头应符合图7-8的要求。

b. 滤纸有效工作面直径为$\phi 32$mm。

c. 取样用连接管长度为5.0m,内径等于$\phi 5_{-0.2}^{0}$mm,取样系统局部内径不得小于$\phi 4$mm。

③测量系统:测量系统由光电反射头、指示器和试样台组成。

④滤纸规格:反射因数$(92 \pm 3)\%$。当量孔径为$45\mu m$。透气度为$3\,000$mL/(cm^2·min)(滤纸前后压差为1.96~3.90kPa)。厚度为0.18~0.20mm。

⑤烟度卡:烟度卡的技术要求应符合GB 9804的规定。

⑥烟度计必须定期标定,在有效期内方可使用。

(4)受检车辆:

①进气系统应装有空气滤清器,排气系统应装有消声器并且不得有泄漏。

②柴油应符合国家标准的规定,不得另外使用燃油添加剂。

③测量时发动机的冷却液和润滑油温度应达到汽车使用说明书所规定的热状态。

④自1995年7月1日起新生产柴油车装用的柴油机,应保证起动加浓装置在非起动工况不再起作用。

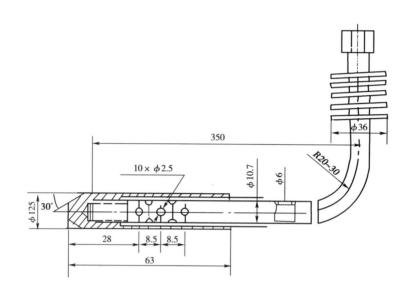

图7-8 取样探头(单位:mm)

(5)测量循环:

①测前准备。用压力为300~400kPa的压缩空气清洗取样管路,把抽气泵置于待抽气位置,将洁白的滤纸置于待取样位置,将滤纸夹紧。

②循环组成:

a. 抽气泵抽气:由抽气泵开关控制,抽气动作应和自由加速工况同步。

b. 滤纸走位:每次抽气完毕后应松开滤纸夹紧机构,把烟样送至试样台。

c. 抽气泵复位:可以手动也可以自动,以准备下一次抽气。

d. 滤纸夹紧:抽气泵复位后手动或自动将滤纸夹紧。

e. 指示器读数:烟样送至试样台后由指示器读出烟度值。

③循环时间。应于20s内完成所规定的循环,对手动烟度计,指示器的读数的规定可以在完成下述测量程序后一并进行。

④清洗管路。在按测量程序完成4个测量循环后,用压力为300~400kPa的压缩空气清洗取样管路。

(6)测量程序:

①安装取样探头:将取样探头固定于排气管内,插深等于300mm,并使其中心线与排气管轴线平行。

②吹除积存物:按自由加速工况进行3次,以清除排气系统中的积存物。

③测量取样:将抽气泵开关置于加速踏板上,按自由加速工况及规定的循环测量4次,取后3次读数的算术平均值即为所测烟度值。

④当汽车发动机出现黑烟冒出排气管的时间和抽气泵开始抽气的时间不同步的现象

时,应取最大烟度值。

(7)在用汽车自由加速试验滤纸烟度法排放合格性判定。上述测试结果应满足前面介绍的在用汽车排气烟度的限值要求,则该车排放合格。

2. 检测标准限值及结果分析

1)汽油机检测标准限值及检测结果分析

(1)2005年7月1日起装用点燃式发动机排气污染物排放限值标准:

①新生产汽车排气污染物排放限值。装用点燃式发动机的新生产的轻型汽车,型式核准和生产一致性检查的排气污染物排放限值见表7-2。

新生产汽车排气污染物排放限值(体积分数)　　　表7-2

车　　型	类　　型			
	急　速		高急速	
	CO(%)	HC×10^{-6}	CO(%)	HC×10^{-6}
2005年7月1日起新生产的轻型汽车	0.5	100	0.3	100
2005年7月1日起生产的第二类轻型汽车	0.8	150	0.5	150
2005年7月1日起新生产的重型汽车	1.0	200	0.7	200

②在用汽车排气污染物排放限值。装用点燃式发动机的在用汽车,排气污染物排放限值见表7-3。

在用汽车排气污染物排放限值(体积分数)　　　表7-3

车　　型	类　　型			
	急　速		高急速	
	CO(%)	HC×10^{-6}	CO(%)	HC×10^{-6}
1995年7月1日前生产的轻型汽车	4.5	1200	3.0	900
1995年7月1日起生产的轻型汽车	4.5	900	3.0	900
1995年7月1日前生产的重型汽车	5.0	2000	3.5	1200
1995年7月1日起生产的重型汽车	4.5	1200	3.0	900
2000年7月1日起生产的第一类轻型汽车①	0.8	150	0.3	100
2001年10月1日起生产的第二类轻型汽车	1.0	200	0.5	150
2004年9月1日起生产的重型汽车	1.5	250	0.7	200

注:①对于2001年5月31日以前生产的5座以下(含5座)的微型面包车,执行1995年7月1日起生产的轻型汽车的排放值。

③过量空气系数(λ)要求。对于使用闭环控制电子燃油喷射系统和三元催化转化器技术的汽车进行过量空气系数(λ)的测定,发动机转速为高急速转速时,λ应在1.00±0.03或制造厂规定的范围内。进行λ测试前,应按照制造厂使用说明书的规定预热发动机。

(2)汽车排放检测结果分析。根据汽车的生产年代的不同,检测的法规也不同,尤其对于汽油机车辆,由于发动机管理技术的快速发展,排放标准越来越高,尾气排放不合格的原因也较复杂。

对于 2001 年以前生产的在用汽车排放标准只规定了 CO 不大于 4.5%，HC 不大于 900×10^{-6}，这样的规定已经过于宽松，对于 20 世纪 80 年代生产的桑塔纳乘用车来说都是不能作为故障标准的，就是说即使桑塔纳乘用车存在严重的发动机故障也可能满足这个标准。在这个标准实施的时间段内既有东风、解放、北京 212 等较落后发动机车型，也有桑塔纳、富康等引进化油器车型，同时还有大批的进口电子燃油喷射加三元催化的车型。

对于 2001 年以后上牌照的车辆，国家标准就严格得多，通常是指配备了电子燃油喷射加三元催化装置的轻型汽车。这一类汽车排放超标的故障形式往往是 CO 或 HC 轻微超过限值，在诊断这类车时往往发现其发动机控制系统无任何故障，氧传感器反应正常。这些都说明该车的三元催化系统存在问题，主要有三元催化系统老化，效率下降；三元催化转换器质量较差；三元催化转换器安装位置不合理，正常工作时三元催化转换器达不到合适的工作温度等。这一类车辆如果出现排放较严重超标的情况，一般是发动机管理系统出现了较严重的问题，需要通过诊断仪器分析控制系统那些元件出现问题。

2) 柴油机检测标准限值及检测结果分析

（1）2005 年 7 月 1 日起装车用压燃式发动机和压燃式发动机汽车排气烟度排放限值标准：

① 对于《车用压燃式发动机和压燃式发动机汽车排气烟度排放限值及测量方法》（GB 3847—2005）实施后生产的在用汽车，经型式核准批准车型生产的在用汽车，应按自由加速—不透光烟度法的要求进行试验，所测得的排气光吸收系数不应大于车型核准批准的自由加速排气烟度排放限值，再加 0.5m^{-1}。

② 对于 2001 年 10 月 1 日起生产的在用汽车，自 2001 年 10 月 1 日起至本标准实施之日生产的汽车，应按自由加速—不透光烟度法的要求进行试验，所测得的排气光吸收系数不应大于以下数值：

a. 自然吸气式：2.5m^{-1}。

b. 涡轮增压式：3.0m^{-1}。

③ 对于 2001 年 10 月 1 日前生产的在用汽车：

a. 自 1995 年 7 月 1 日起至 2001 年 9 月 30 日期间生产的在用汽车，应按自由加速—滤纸烟度法的要求进行自由加速试验，所测得的烟度值应不大于 4.5Rb。

b. 自 1995 年 6 月 30 日以前生产的在用汽车，应按自由加速—滤纸烟度法的要求进行试验，所测得的烟度值应不大于 5.0Rb。

④ 在用汽车的排放监控。自 2005 年 7 月 1 之日起，压燃式发动机在用汽车排放监控，采用本标准规定的排气烟度排放限值及测量方法。在机动车保有量大、污染严重的地区，可采用在用汽车加载减速工况法。在用汽车的排放监控也可采用目测法，对高排放汽车进行筛选，由具有资格的人员进行。

各省级环境保护行政主管部门可根据当地实际情况，确定在用汽车排放监控方案，选择自由加速法或加载减速工况法中的一种方法作为在用汽车排气污染物排放检测方法。对于同一车型的在用汽车实施排放监控或环保定期检测时不得采用两种或两种以上的排气污染物排放检测方法。

(2)检测结果分析。柴油车自由加速烟度超过标准时,其主要原因是柴油机供油系统调整不当所致。此外,柴油机汽缸活塞组和曲柄连杆机构的技术状况及柴油的质量等对烟度排放也有影响。下面简要介绍排烟故障的原因和诊断。

柴油机工作时黑烟浓重,多由喷油量过大、雾化不良、各缸喷油量不均匀、喷油时刻过早、调速器失调和空气滤清器堵塞等原因引起。

如发现个别缸喷油量过大,可用分缸停止供油和结合观察排气烟色的方法予以判别。假如某缸停止供油(旋松喷油器)后,烟色减轻,则可判断该缸喷油量过大。在找出喷油量过大的汽缸后,检查该缸喷油泵柱塞调节齿扇固定螺钉是否松脱,喷油器是否良好。如正常,再检查喷油器,将喷油器由缸体上拆下,仍连接高压油管,用旋具撬动该缸喷油泵柱塞弹簧座,做喷油动作,观察喷油雾化情况和有无滴油现象。若雾化不良,则应将喷油器解体检查。

经检查,若各缸喷油量均过大时,应打开调速器盖,检查调节齿杆的刻度是否向油泵壳内移入过多(刻线应与泵壳后端面平行);同时,还需检查调速器飞块是否卡滞引起喷油量过大。如在柴油机冒黑烟的同时,还可听到汽缸内有清脆敲击声,说明喷油时刻过早,应正确校准喷油正时;检查中发现空气滤清器堵塞(滤芯脏污)时,应清洗、吹净,并按规定加注新润滑油。

此外,柴油机冒黑烟还与柴油质量有关,为使着火性能良好,一般柴油机选用十六烷值为40~45的柴油为宜。若十六烷值超过65,则柴油蒸发性变差,致使燃烧不彻底,工作时也可发生冒黑烟现象。

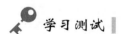
学习测试

一、填空题

(1)汽车的排放污染物主要包括_____、_____和_____等。

(2)柴油机排烟情况可进行人工检测,观测到排蓝烟说明_____。

(3)汽车排放污染的主要来源有_____、_____、_____。

二、判断题

(1)汽车年检时,排气污染的检测项目是CO、HC和NO_x。   (   )

(2)年检时,柴油机烟度的测量是在急速下测试的。   (   )

(3)废气中的NO_x不论是汽油机和柴油机都是在经济工况下,浓度最大。   (   )

(4)汽车急减速时的CO排放量是各种速度工况中最严重的。   (   )

三、选择题

(1)关于点燃发动机的概念,甲说只有汽油发动机,乙说包括汽油发动机还有LPG和NG发动机。以下选项正确的是(   )。

    A. 甲对乙错   B. 甲错乙对

    C. 甲乙都对   D. 甲乙都错

(2)柴油机冒黑烟是由于(   )。

    A. 空气滤清器堵塞   B. 压缩比高

C. 发动机温度高　　　　　　　　　　D. 喷油泵故障

(3) 目前按照国家现行标准,乘用车(汽油机)的尾气标准按照(　　)方法检测。

　　A. 双怠速法　　　　　　　　　　　B. 加速度法

　　C. 模拟工况法　　　　　　　　　　D. 怠速法

(4) CO_2 为无色无毒气体,对人体无直接危害,但大气中 CO_2 的大幅度增加,因其对红外热辐射的吸收而形成的(　　),会使全球气温上升、南北极冰层融化、海平面上升、大陆腹地沙漠趋势加剧,使人类和动植物赖以生存的生态环境遭到破坏。

　　A. 化学反应　　　B. 温室效应　　　C. 城市热岛效应　　　D. 厄尔尼诺

(5) 加速模拟工况,是指车辆预热到规定的热状态后,加速至规定车速,根据车辆规定车速时的加速负荷,通过底盘测功机对车辆加载,使车辆保持等速运转的运行状态。进行 ASM 试验需要使用(　　)等设备。

　　A. 底盘测功机和废气分析仪　　　　B. 发动机综合诊断仪和废气分析仪

　　C. 五气体分析仪　　　　　　　　　D. 示波器和废气分析仪

(6) 从油箱及油管接头等处蒸发的汽油蒸气,成分是(　　)。

　　A. HC　　　　　B. PM　　　　　C. CO　　　　　D. NO_x

(7) 采用滤纸烟度法测量柴油机烟度是在(　　)下进行。

　　A. 怠速　　　　B. 自由加速　　　C. 全负荷　　　D. 低速

四、问答题

(1) 汽车排气中的主要有害成分是什么?危害现象如何?

(2) 尾气测试前为什么要使发动机冷却液和润滑油温度应达到汽车使用说明书所规定的热状态?进行自由加速试验排气可见污染物检验前为什么车辆不能长时间怠速运转?否则应怎么办?

(3) 说明双怠速测试时高怠速的具体含义。

(4) 用滤纸法进行烟度检验,至少需要测几次?最终检测结果是怎么计算出来的?

(5) 已知某载货汽车 2002 年 6 月上牌,最大总质量为 3200kg,发动机额定转速为 4800r/min,现测得尾气排放数据如下表(30s 内)。请问:

①该检测方法是否正确?如果正确,高怠速时发动机转速应该是多少?

②写出该车排放标准限值(填在表内)。

③计算检测结果,判定检测结果是否合格?

项　　目		标准限值	t_1	t_2	t_3	t_4	t_5	t_6	t_7	t_8	t_9	t_{10}	t_{11}
高怠速	CO(%)		0.5	0.4	0.4	0.6	0.5	0.7	0.5	0.4	0.5	0.6	0.6
	HC(10^{-6})		130	120	125	139	135	145	156	150	160	155	155
怠速	CO(%)		0.7	0.7	0.6	0.8	0.9	1.0	1.1	1.3	1.3	1.2	1.2
	HC(10^{-6})		145	130	130	135	130	130	150	170	190	200	190

学习任务 2　汽车噪声检测

1. 了解汽车噪声的形成及控制；
2. 掌握汽车噪声的检测方法及检测标准；
3. 会用声级计检测汽车噪声。

一、任务分析

随着机动车向快速和大功率方向的发展，道路交通噪声已成为一些大城市的主要噪声源，特别是车辆的噪声，几乎占交通噪声的 80% 左右。车辆噪声的噪声源主要包括发动机的噪声、底盘的噪声、车厢振动噪声、货物撞击噪声、喇叭噪声和转向倒车噪声等。这些噪声源中，所发出的噪声程度绝大多数都与车辆的使用情况有关。当车辆加速行驶、减速制动、超速、超载和路面不平时，噪声会明显增加。

汽车噪声一般为中等强度的噪声，为 60~90dB。如公共汽车的噪声为 80dB 左右，摩托车的噪声比一般汽车高 10dB 左右。由于汽车噪声为游走性的，影响范围大，干扰时间长，因而受害人多。并且，随着工业和交通运输业的发展，这种影响会越来越严重。如美国整个环境噪声的响度每 10 年约增加一倍。我国不少城市的噪声也到了非治理不可的程度，特别是汽车噪声。所以，必须根据有关的标准对汽车噪声进行检测和控制。

二、相关知识

汽车噪声主要来源于发动机、传动系、轮胎以及车身干扰空气声及喇叭声等。

1. 发动机噪声

发动机噪声包括燃烧、机械、进气、排气、冷却风扇等及其他部位发出的噪声。

1）燃烧噪声和机械噪声

燃烧噪声是在可燃混合气燃烧时汽缸压力急剧上升而产生的，它是柴油发动机噪声的主要来源。

机械噪声是指气门的冲击和活塞与汽缸之间的敲击声等，在汽油发动机的转速范围内（300r/min 以上），这是产生噪声的主要因素，燃烧噪声和机械噪声在很大程度上取决于发动机转速。

2）进、排气噪声

进、排气噪声是发动机在进、排气过程中的气体流动和气体压力波动导致振动而产生的噪声，它随发动机转速和负荷状态而改变。

在进、排气噪声中,由于空气动力而产生的噪声可分为周期性的进、排气噪声(脉动声)和涡流声(气流声)。

周期性进、排气噪声,即基频噪声、管道气柱共振声、废气喷柱和冲击噪声。它是在进、排气门周期性地开闭时,因进、排气管内产生压力波动而引起的。

同时,伴随着进、排气时的空气流动,由于高速气流经过气门等产生涡流的部位会形成二次噪声,即涡流声。这种气流声随着流速增大,噪声提高,噪声的频率成分也变宽。排气的漏气声就是典型的气流声。此外,由于排气温度高、流速大,排气的气流声要比进气的气流声所占的比例大。

除了周期性的进、排气噪声和涡流声外,还有表面辐射声。它是由构成进、排气系统零件表面辐射出的噪声。进、排气系统薄壁管道及壳体的振动是产生表面辐射噪声的根本原因,这种振动是由于发动机进、排气管传来的机械振动和进、排气压力波所激发的。

降低进、排气噪声的主要措施是使用消声效果好的消声器。此外在使用过程中,要注意进、排气装置的紧固情况和接头的密封状况,以减小表面辐射噪声。

3) 风扇噪声

风扇噪声是汽车最大噪声之一。特别是近年来,由于车内普遍安装了空调系统和排气净化装置等,使发动机罩内的温度上升,冷却风扇负荷加大,噪声变的更为严重,风扇噪声与发动机转速有直接关系。

为了减小高速时发动机的风扇噪声和功率消耗,一些汽车使用了液力耦合器或变叶片扭角的风扇,也有采用冷却液温度感应电动离合风扇。同时改变风扇叶片形状和材料对降低噪声也有一定的效果。例如,铸铝的叶片比冲压钢板的叶片噪声小,一些有机合成材料(玻璃钢、高强度尼龙等)做成的叶片,比金属叶片噪声小。

2. 传动机构噪声

在汽车行驶中,传动机构吸收来自路面的振动所引起的噪声,频率为 400~2000Hz,其中齿轮传动的机械噪声是主要部分。

产生齿轮噪声的原因包括齿轮啮合时产生的撞击声、随着轮齿之间滑动的变化和由于摩擦力造成的摩擦声以及因齿轮误差与刚度的变化而引起的撞击声等。

齿轮噪声以声波向空间传出的仅是一小部分,而大部分则成了变速器、后桥的激振并经轴、轴承、外壳使各部分产生振动变成噪声而传播。齿轮噪声将随汽车行驶状态(如速度、负荷)的变化而变化。

为了减少齿轮噪声,不仅要从设计、制造、加工方法等方面入手,把因啮合而引起的撞击声和激振声降低到最低限度,还应在使用过程中注意齿轮的安装精度和啮合印痕的调整。

3. 轮胎噪声

产生轮胎噪声最主要原因是轮胎的胎面花纹。汽车在行驶时,因轮胎胎面花纹槽内的空气在接地时被挤压,并有规则地排出,引起周围压力变化而产生噪声。轮胎花纹不同,压缩、排气的难易程度不同,所以噪声也不同,如烟斗花纹轮胎就比普通花纹轮胎的噪声大。

此外,车速、负荷、路面状况等使用因素对轮胎噪声的影响也很大。

汽车的噪声除上述原因外,还有高速行驶时产生的车身干扰空气噪声、制动噪声、储气筒放气声、喇叭声以及各种专用车辆上的动力装置噪声等。因为这些噪声是不连续的,所以不占主要地位。

三、任务实施

根据国家标准《机动车运行安全技术条件》(GB 7258—2012)的规定,汽车噪声应使用声级计进行测量。如图 7-9 所示,声级计是一种能把工业噪声、生活噪声和交通噪声等按人耳听觉特性近似地测定其噪声级的仪器。按其测量的精度可分为普通声级计和精密声级计。检测方法分车外检测法和车内检测法。

1. 车外噪声的测量方法

1) 汽车加速行驶车外噪声的测量方法

汽车加速行驶车外噪声的测量仪器和测量场地要求见《汽车加速行驶车外噪声限值及测量方法》(GB 1495—2002)的规定。测量时传声器高度的风速不应超过 5m/s。气象参数的测量仪器应置于测量场地附近,高度 1.2m。背景噪声至少应比被测汽车噪声低 10dB。

图 7-9 声级计

被测汽车应空载,不带挂车或半挂车(不可分解的汽车除外)。必须将轮胎充至汽车制造厂规定的空载状态气压。

在开始测量之前,被测汽车的技术状况应符合该车型的技术条件(特别是该车的加速性能)和《汽车加速性能试验方法》(GB/T 12543—2009)的有关规定(包括发动机温度、调整、燃油、火花塞等等)。

加速行驶测量区域按图 7-10 确定。O 点为测量区的中心,加速段长度为 $2 \times (10 \text{ m} \pm 0.05 \text{m})$,$AA'$ 线为加速始端线,BB' 线为加速终端线,CC' 线为行驶中心线。

传声器应布置在离地面高 $1.2 \text{m} \pm 0.02 \text{m}$,距行驶中心线 CC' $7.5 \text{m} \pm 0.05 \text{m}$ 处,其参考轴线必须水平并垂直指向行驶中心线 CC'。

汽车应以规定的挡位和稳定速度接近 AA' 线,其速度变化应控制在 ±1km/h 之内;若控制发动机转速,则转速变化应控制在 ±2% 或 ±50r/min 之内(取两者中较大值)。

当汽车前端到达 AA' 线时,必须尽可能地迅速将加速踏板踩到底(即节气门或油门全开),并保持不变,直到汽车尾端通过 BB' 线时再尽快地松开加速踏板(即节气门或油门关闭)。

汽车应直线加速行驶通过测量区,其纵向中心平面应尽可能接近中心线 CC'。

在汽车每一侧至少应测量 4 次,应测量汽车加速驶过测量区的最大声级,每一次测得的读数值应减去 1dB(A) 作为测量结果。

如果在汽车同侧连续 4 次测量结果相差不大于 2dB(A),则认为测量结果有效。

将每一挡位(或接近速度)条件下每一侧的 4 次测量结果进行算术平均,然后取两侧平均值中较大的作为中间结果。

2) 匀速行驶车外噪声测量方法

(1) 车辆用常用挡位,加速踏板保持稳定,以 50km/h 的车速匀速通过测量区域。

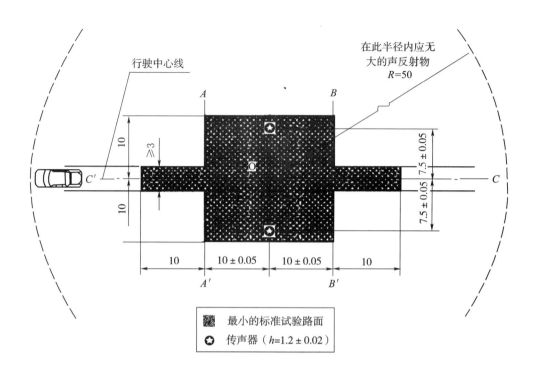

图 7-10 汽车加速行驶车外噪声检测示意图(尺寸单位:m)

(2)声级计用"A"计权网络、"快"挡进行测量,读取车辆驶过时声级计表头的最大读数。

(3)同样的测量往返进行一次,车辆同侧两次测量结果之差,不应大于2dB,并把测量结果记入规定表格中。若只用一个声级计测量,同样的测量应进行4次,即每侧测量两次。

3)汽车加速行驶车外噪声限值,见表7-4。

表 7-4 汽车加速行驶车外噪声限值

汽 车 分 类	噪声限值 [dB(A)]	
	第一阶段 2002.10.1~2004.12.30 期间生产的汽车	第二阶段 2005.1.1以后生产的汽车
M_1	77	74
M_2(GVM≤3.5t)或 N_1(GVM≤3.5t) GVM≤2t 2t<GVM≤3.5t	78 79	76 77
M_2(3.5t<GVM≤5t)或 M_3(GVM>5t) $P<150kW$ $P≥150kW$	82 85	80 83

续上表

汽 车 分 类	噪声限值[dB(A)]	
	第一阶段	第二阶段
	2002.10.1~2004.12.30 期间生产的汽车	2005.1.1 以后生产的汽车
$N_2(3.5t<GVM≤12t)$ 或 $N_3(GVM)>12t)$ $P<75kW$ $75kW≤P≤150kW$ $P≥150kW$	83 86 88	81 83 84

说明:
(1)M_1、M_2(GVM≤3.5t)和 N_1 类汽车装用直喷式柴油机,其限值增加 1dB(A)。
(2)对于越野汽车,其 GVM>2t 时:
如果 $P<150kW$,其限值增加 1 dB(A);
如果 $P≥150kW$,其限值增加 2 dB(A)。
(3)M_1 类汽车,若其变速器前进挡多于4个,$P>140kW$,P/GVM 之比大于 75kW/t,并且用第三挡测试时其尾端出线的速度大于 61km/h,则其限值增加 1dB(A)。

注:GVM 为最大总质量,t;
　　P 为发动机额定功率,kW。

2. 车内噪声检测的方法

测试的跑道应是足够长度的平直、干燥的沥青或混凝土路面。测量时车辆的门窗应关闭,周围的噪声应比所测车辆的噪声至少低 10dB。车内噪声测试点的位置(传声器相对于座椅的位置)如图 7-11 所示。其检验方法按《声学　汽车车内噪声测量方法》(GB/T 18697—2002)的规定执行。

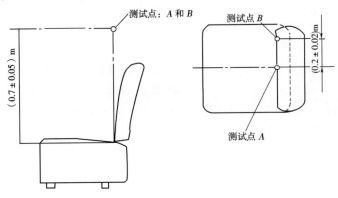

图 7-11　传声器相对于座椅的位置
A—未占用的座位;B—驾驶人座位

一、填空题

(1)汽车产生的噪声,按其影响范围可分为＿＿＿＿和＿＿＿＿两种,前者直接影响_____,后者造成_____公害。

（2）汽车噪声主要由_____、_____、_____、_____等。

（3）在汽车噪声中占最大的噪声是_____。

二、判断题

（1）控制汽车排放噪声的最主要措施仍是安装排气消声器。　　　　（　　）

（2）轮胎的花纹对轮胎噪声影响很大,直角齿形的花纹噪声最大,块状形的花纹噪声最小。（　　）

（3）影响柴油机燃烧噪声的主要因素是汽缸压力增长率。　　　　　（　　）

（4）柴油机的燃烧噪声主要取决于燃烧终了的最高压力。　　　　　（　　）

（5）汽车噪声测试时,首先要测环境噪声,然后再进行汽车噪声试验,其试验结果应减去环境噪声的声级值。（　　）

三、选择题

（1）汽车噪声是由多种声源组成的综合性噪声,下列不是主要原因的是(　　)。
　　A. 发动机噪声　　　　　　　B. 轮胎花纹噪声
　　C. 传动系统噪声　　　　　　D. 制动噪声

（2）发动机噪声所占的比重最大,而随着发动机加工工艺的精细化,道路高速化,现在车辆高速行驶时(　　)已成为又一个主要噪声源。
　　A. 发动机噪声　　　　　　　B. 轮胎花纹噪声
　　C. 传动系统噪声　　　　　　D. 制动噪声

（3）鼓式制动器比盘式制动器产生的噪声(　　)。通常发生在制动蹄摩擦片端部和根部与制动鼓接触的情况下。
　　A. 大　　　　B. 小　　　　C. 相差不大　　　　D. 相等

（4）按照噪声产生的过程,可将汽车噪声源大致分为两类,一类是与(　　)有关的噪声;另一类是与汽车行驶有关的噪声。
　　A. 冷却系风扇　　　　　　　B. 发电机运转
　　C. 发动机运转　　　　　　　D. 活塞运动

（5）驱动桥噪声是在汽车行驶时驱动桥部位发出较大的响声,且(　　)。
　　A. 车速越低响声增加　　　　B. 车速变化响声不变
　　C. 车速越高响声越大　　　　D. 车速越高响声越小。

四、问答题

（1）噪声对人体会产生什么影响?

（2）汽车噪声源主要有哪些?控制汽车噪声的措施主要有哪些?

项目 8　汽车的合理使用

学习任务 1　新车走合期的合理使用

1. 了解相对运动件之间的摩擦及磨损规律和润滑情况;
2. 了解汽车的走合期、汽车走合期的特殊性和使用要求;
3. 会对走合期的汽车进行正确的操作。

一、任务分析

新汽车、大修后的汽车或改装发动机后的汽车在开始使用阶段,通过限速、减载进行运行性磨合的时期。汽车走合是使汽车各配合机件通过逐渐磨合,达到良好配合的过程,其目的是延长汽车使用期限,提高汽车使用的经济性和可靠性。

二、相关知识

1. 汽车的走合期

新车(包括大修竣工汽车)在开始投入使用阶段,汽车各机构中的零件正处于磨合状态,还不能全负荷运行,把这个使用阶段称为汽车走合期。走合期是汽车改善零件摩擦表面几何形状和表面层物理、力学性能的过程,也是为了使汽车向正常使用阶段过渡,使相互配合的零件摩擦表面进行磨合的过程。汽车的使用寿命及其工作的作可靠性和经济性,在很大程度上取决于使用初期的走合是否符合新发动机规定。

2. 汽车走合期的特点

1)零件磨损速度快

由于新配合件摩擦表面摩擦凹凸不平,必然产生相互嵌入的现象,在相对运动中就会产生很大的摩擦力,使配合件的两个摩擦表面磨损量较大。磨损下来的金属屑又会进入相配合零件之间构成磨料磨损,使磨损加剧。另外,由于间隙小,磨损过程中摩擦表面产生的热量增加,进而使润滑油黏度降低,润滑条件变差。由于上述原因,零件磨损量增长较快。

2)行驶故障较多

由于配合件的工作表面存在着微观和宏观的几何形状偏差、装配质量不佳、紧固件松动、使用不当以及未能正确执行走合规范,所以汽车走合期故障较多。如果由于装配质量不好,各部间隙过小,走合时润滑条件又差,发动机很容易产生过热,常出现拉缸、烧瓦等故障(见图8-1)。

图8-1　拉缸、烧瓦

3)润滑油易变质

由于走合期的零件表面还比较粗糙,加工后的形状和装配位置都存在一定的偏差,配合间隙较小,因此走合零件表面和润滑油的温度都很高;同时,有较多的金属屑磨损下来进入零件配合间隙中,再被润滑油带进曲轴箱中起催化作用,易使润滑油变质发黑(图8-2)。

图8-2　走合期行驶车辆机油易变质

3. 汽车走合期的正确使用

1)走合期里程的规定

汽车走合期里程取决于零件表面加工精度、装配质量、润滑油的品质、运行条件和驾驶技术。现代汽车按照制造厂的规定,走合期里程通常为1500~2000km。

2)汽车走合期的正确使用

汽车走合的好坏直接影响汽车的使用寿命、可靠性及经济性。根据零件的磨损规律和走合期的特点,汽车在走合期内必须严格遵守走合规定,以保证走合质量,延长零件和汽车的使用寿命。汽车走合期必须遵守的主要规定有:限速、减载、选择优质燃料及润滑油、正确驾驶。

(1)限速。在走合期内,切记不要让发动机高速运转。对于现代轿车,在各个挡位内发动机最高转速都不要超过3000r/min,在低速挡内不允许发动机长时间高速运转;对于货车,最高车速不允许超过60km/h。

(2)减载。汽车承载质量的大小直接影响汽车零部件的寿命,承载质量越大,发动机和底盘各零部件受力越大,导致润滑条件变坏,影响零部件的磨合质量,从而影响汽车的走合质量。所以,汽车在走合期内必须减载,一般要求走合期第一阶段最好空载,整个走合期内承载质量的75%,不允许拖挂和牵引其他机械车辆。

(3)选择优质燃料及润滑油。为了防止汽油机产生爆震,加速发动机曲柄连杆机构零件的磨损，必须严格遵照汽车使用说明书规定的标号加注汽油（图8-3）。在走合期内，零部件配合间隙较小，为使摩擦表面得到良好的润滑，必须严格遵照汽车使用说明书的规定，使用汽车制造厂指定品牌和标号的润滑油，不要随意使用添加剂。

（4）正确操作车辆。在走合期驾驶车辆应注意，发动机起动后应低速运转，待冷却液温度升到50~60℃时再起步，行驶中应经常注意冷却液温度表，冷却液温度应在90℃左右（图8-4）。起步要平稳，加速不要快，减少传动部件的冲击，控制加速踏板，以免发动机转速过高。

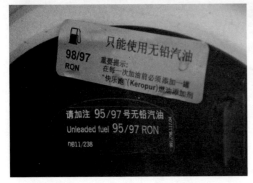

图8-3 遵照使用说明书规定的标号加注汽油

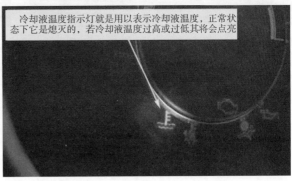

图8-4 正确操作车辆，关注仪表

行驶中要适时换挡（图8-5），注意选择路面，尽量避免在恶劣道路上行驶，减少振动和冲击。尽量减少汽车突然加速引起的超负荷现象，避免紧急制动、长时间制动或使用发动机制动。在走合期内，对汽车各部分技术状况要及时检查，排除故障，以减少故障磨损。

图8-5 行驶中要适时换挡

3）汽车走合期的维护

汽车走合期的维护，一般分为走合前、走合中和走合后的维护。

汽车走合前的维护，主要是检查各部分状况，防止汽车出现事故和损伤，保证顺利地完成走合。

汽车走合中的维护，主要是对汽车各部技术状况开始发生变化的部分进行及时的维护，以恢复良好的技术状况，保证走合顺利进行。

汽车走合期结束后，应结合二级维护对汽车进行全面的检查、紧固、调整和润滑作业，更换润滑油和机油滤清器，使汽车达到良好的技术状况后投入正常运行，如图8-6 所示。

图 8-6　检查空气滤清器、更换润滑油和机油滤清器

三、任务实施

描述汽车走合期的正确使用方法并汇报。

学习测试

一、填空题

（1）新车（包括大修竣工汽车）在开始投入使用阶段，汽车各机构中的零件正处于____状态，还不能____运行，把这个使用阶段称为汽车走合期。

（2）汽车走合期的特点：____、____和____等。

（3）汽车走合期必须遵守的主要规定有：____、____、选择优质燃料及润滑油、正确驾驶。

二、判断题

（1）在走合期内，可以适当让发动机高速运转。（　　）

（2）对于现代轿车，在各个挡位内发动机最高转速都不要超过 3000r/min，在低速挡内，不允许发动机长时间高速运转；对于货车，最高车速不允许超过 60 km/h。（　　）

（3）汽车走合期的维护一般分为走合前和走合后的维护。（　　）

三、选择题

（1）现代汽车按照制造厂的规定，走合期里程通常为（　　）。

　　A. 1000～1500km　　　　　　B. 3000～5000km

　　C. 1500～2000km　　　　　　D. 500～1000km

（2）汽车走合期结束后，应结合二级维护对汽车进行全面的（　　）作业，更换润滑油和机油滤清器，使汽车达到良好的技术状况后投入正常运行。

　　A. 检查、紧固、调整和润滑　　B. 检查、紧固和润滑

　　C. 紧固、调整和润滑　　　　　D. 检查、调整和润滑

四、问答题

（1）汽车走合期的正确使用方法有哪些？

（2）如何做好汽车走合期的维护？

学习任务 2　汽车在正常条件下的合理使用

学习目标

1. 了解汽车在正常条件下使用的注意事项；
2. 掌握在正常条件下的合理使用操作方法。

一、任务分析

汽车走合期结束进入正常使用期。按照零件的磨损特性，在零件的正常工作时期，零件的磨损量随汽车行驶里程的增加而缓慢地增长。这段时间是汽车技术、经济状态处于最佳的时期，正常、合理地使用汽车，可以充分发挥汽车的技术效益和经济效益，提高汽车动力性、经济性、排放性、可靠性和安全性，降低使用成本，还可以明显地延长汽车的使用寿命。

二、相关知识

1. 每天首次起动前检查

（1）打开发动机罩。

①检查冷却液量。冷却液箱内的液面应在上（MAX）、下（MIN）两条刻线之间。如液面低于下（MIN）刻线，应及时补充同一型号的冷却液（图 8-7），千万不可加注普通水。

图 8-7　检查、补充冷却液量

②检查润滑油。拔出机油尺用布擦干净，插回机油尺孔内，再拉出查看油量，油面应在上（MAX）、下（MIN）两条刻线之间。如油面低于下（MIN）刻线，应及时补充同一牌号的润滑油，千万不要贪图便宜购买假冒伪劣产品；如油面高于上（MAX）刻线，应同时查看油质。油质为乳化状，说明发动机内有漏水现象，油质比较稀薄且有汽油味，说明有漏汽油现象，应及时到正规的修理厂做进一步的检查。正常的油质应该油色透亮，如未到换油维护里程，发现油质发黑浑浊，应及时到正规修理厂咨询并做进一步的检查，如图 8-8 所示。

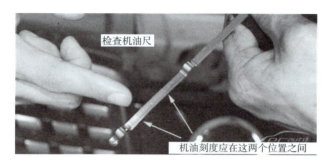

图 8-8　检查润滑油

③检查制动液。检查制动液(也称刹车油)量,液面应在上(MAX)、下(MIN)两条刻线之间(图 8-9)。

④检查玻璃清洗液。玻璃清洗液量的检查如图 8-10 所示。

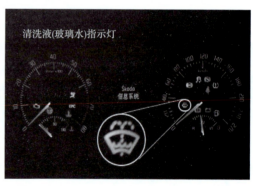

图 8-9　检查制动液　　　　　　　　　图 8-10　检查玻璃清洗液

⑤检查传动带的张紧度。用力压一压传动带,不能大于 15mm;或用力翻转一下传动带,不能大于 90°。传动带张紧度的检查如图 8-11 所示。

(2)围绕汽车转一圈,查看轮胎气压,判断轮胎气压是否正常,如气压过低应及时检查补气(图 8-12)。查看车身漆面有无划伤、碰擦。查看停车位地面有无滴油、滴水现象。

图 8-11　检查传动带的张紧度　　　　　图 8-12　查看轮胎气压

2. 冷车起动

发动机冷机起动后,有一个自动的暖机过程,这时发动机处于快怠速工况,转速在

1100r/min 左右。当发动机温度达到50℃左右时，暖机过程结束，发动机回到怠速工况，转速在850r/min。这个进程大约需3min。暖机过程的目的在于使冷态下的发动机能快速达到正常工作温度。发动机的正常工作温度在90℃左右。在这样的状态下，发动机的磨损速率最小，燃料的消耗量最少，尾气排放的有害成分含量最低。

对于现代轿车，为了节约燃油，减轻对环境的污染，不必等待这个暖机过程。冷车起动后直接1挡起步，缓慢加速，正常换挡行驶，在各挡位上，发动机的转速不要超过2000r/min。当冷却液温度表指示达到90℃时进入正常驾驶状态，在行驶中完成了这一暖机过程。

3. 正常行驶

汽车在正常行驶过程中驾驶人应集中注意力，眼睛轮流观察前方180°范围、左右车外后视镜和中央车内后视镜，时刻掌握前后左右其他车辆的动态，特别要注意前方两侧非机动车和行人的动态，控制好自己的车速。根据路况及时变换挡位，可以减少发动机的磨损和节约燃油。

在城市道路行驶时，由于路况复杂，行人、车辆较多，路口红绿灯较多，行车速度不高，一般不会达到60 km/h，即使达到，持续时间也很短。所以在这种状况下驾驶自动挡汽车时，应把变速器操纵杆放在"3"或"4"的位置，而不是"D"的位置；1min以上较长时间的停车等待，应把变速器操纵杆放在空挡"N"的位置；发动机熄火停车，应把变速器操纵杆放在停车挡"P"的位置并拉紧驻车制动手柄。这样可以减轻自动变速器频繁换挡的负担，延长自动变速器的使用寿命，还可达到节油的效果。

在路况良好的高速公路或高等级公路上行驶时，应采用匀速行驶的方式，有巡航功能的汽车可设置为巡航状态。千万不要采用"加速—空挡滑行—加速"这样的驾驶方式。对于现代汽车来说，这样的方式不仅不能节油，反而有可能导致车辆失控带来交通事故。

遇到不正常情况，应及时判断及早采取措施，尽量避免采取紧急制动，制动时要充分利用发动机的制动功能。松加速踏板，带挡减速滑行，视情况制动，发动机转速降到1100r/min左右时，踩下离合器踏板。这样可以减轻制动器的负荷，减少制动片、制动缸的磨损，延长使用寿命，更可以节约燃油。

三、任务实施

描述汽车正常条件下的正确使用方法并汇报。

学习测试

一、填空题

(1) 冷却液箱内的液面应在＿＿＿＿、＿＿＿＿两条刻线之间。

(2) 对于现代轿车，为了节约燃油，减轻对环境的污染，不必等待＿＿＿＿。

(3) 遇到不正常情况，应及时判断及早采取措施，尽量避免采取紧急制动，制动时要充分利用＿＿＿＿。

二、判断题

(1) 检查制动液(也称刹车油)量,可以添加其他品牌制动液。　　　　　　(　　)

(2) 驾驶自动挡汽车时,1min 以上较长时间的停车等待,应把变速器操纵杆放在空挡"N"的位置。　　　　　　(　　)

三、选择题

(1) 检查传动带的张紧度用力压一压传动带,不能大于 15 mm;或用力翻转一下传动带,不能大于(　　)。

  A. 90°   B. 180°   C. 45°   D. 以上都不是

(2) 发动机熄火停车,应把变速器操纵杆放在(　　)位置并拉紧驻车制动手柄。

  A. 停车挡"P" B. 前进挡"D" C. 空挡"N" D. 以上都不是

四、问答题

简述在正常条件下的合理使用操作方法。

学习任务3　汽车在特殊条件下的合理使用

学习目标

1. 了解汽车在低温条件下的使用特点,掌握低温条件下汽车使用的技术措施;
2. 了解高温条件对汽车性能的影响,掌握高温条件下汽车使用的技术措施;
3. 了解高原、山区对汽车性能的影响,掌握高原、山区条件下汽车使用的技术措施;
4. 了解汽车在恶劣道路条件下的使用特点,掌握恶劣道路条件下汽车使用的技术措施。

一、任务分析

随着我国经济的不断发展,老百姓拥有汽车已不再是梦想,汽车也不再仅仅是代步工具。汽车文化、汽车体育、汽车旅游、汽车探险等的日益兴起极大地丰富了人们的精神生活。然而,我国地域面积广阔、地形条件复杂、气候环境多样。南方潮湿多雨,气温较高,北方寒冷多雪,气温较低,西部干旱少雨多风沙,昼夜温差很大。汽车在这些特殊条件下使用时,各部件、总成的工作状况有很大的变化,使汽车的使用性能变坏。因此对使用上的特殊情况必须掌握其特点和采取相应的措施,保证汽车的合理使用,保持汽车性能的正常发挥,延长汽车的使用寿命。

二、相关知识

1. 汽车在低温条件下的使用

1) 低温对汽车使用的影响

主要表现在：发动机起动困难、总成磨损严重、燃料消耗增加、零件材料的性能变差及行车条件变差。

2) 低温条件下汽车使用技术措施

根据汽车在低温条件下的使用特点，采取的技术措施主要有：预热、保温、合理选用燃料及润滑油、改善混合气形成、防冻等。

(1) 预热。在严寒条件下对发动机进行预热，是改善混合气形成条件、提高燃料的蒸发性和雾化性、提高发动机在低温条件下起动性能的一项重要措施。

现代汽车普遍使用防冻冷却液，不需要放水防冻，因此不能采用往冷却系内灌注热水的方法进行预热。可以用沸水或蒸汽浇淋或喷射进气歧管和油底壳，提高进气温度，促进汽油蒸发；提高润滑油温度，降低润滑油的黏度。柴油机应同时使用电热塞预热和向进气歧管喷注起动液。这样可以提高发动机的起动性能。

(2) 保温。对汽车发动机保温的目的，是使发动机在一定的热状况下工作及随时可以出车。目前，在严寒地区对发动机保温，主要是对汽车发动机和散热器罩采用保温套，在 $-30℃$ 气温下行驶，发动机罩内温度可以保持在 $20\sim30℃$。停车后，发动机各主要部位的冷却速度大约比无保温套的发动机降低 6 倍。发动机油底壳可采用双油底壳或外表面封上一层玻璃纤维进行保温。蓄电池的保温，一般采用木质的保温箱。保温箱有的做成夹层，在夹层中装有保温材料。

(3) 合理使用燃料及润滑油。在低温下使用的燃料应具有良好的挥发性、流动性和低含硫量，以便起动和减少磨损。有的国家有专门牌号的冬季汽油和柴油，供汽车在严寒地区使用。

汽车冬季使用时，发动机、变速器、主减速器等应使用黏度较低的冬季润滑油，可使零件的润滑条件得到改善，并降低起动阻力。

在低温条件下使用防冻冷却液是改善发动机低温起动性能和防止冷却系易冻的一项重要措施。使用防冻冷却液能大大减少起动前的准备时间，减轻驾驶人的劳动强度。常用的防冻冷却液有：乙二醇—水型、乙醇—水型和甘油—水型三种。

防冻冷却液在使用中应注意以下几点：

① 在配制和选用防冻冷却液时，防冻冷却液的冰点应比当地的最低气温低 $5℃$。

② 防冻冷却液的表面张力比水小，容易泄漏，加注前要仔细检查冷却系的密封性。

③ 由于防冻冷却液的膨胀系数大，所以只能加到冷却系总容量的 95%，以免温升后溢出。

④ 经常用密度计检查防冻冷却液成分，使用乙醇（酒精）型防冻冷却液时，乙醇蒸发快，应及时添加适量乙醇和少量的水。乙二醇型和甘油型防冻冷却液只需添加适量的水。

⑤ 添加防冻冷却液时，应先让发动机熄火，待其温度降低后再添加，以防烫伤。

⑥ 乙二醇有毒，使用中应注意安全。

2. 汽车在高温条件下的使用

1）高温条件对汽车使用的影响

在炎热的夏季,由于气温高、雨量大、灰尘多和辐射热强,使发动机技术状况发生变化。例如:发动机温度高,充气系数下降;燃烧不正常(爆震、早燃);润滑性能变差;供油系易产生气阻等。

(1) 发动机充气系数下降。高温条件下,冷却系的散热效率降低,发动机罩内温度高,空气密度减小,导致发动机充气系数下降,发动机功率降低。由试验得知:当外界气温为32~35℃时,若冷却液不沸腾,发动机的最大功率仅为该转速下所能发出的最大功率的34%~48%;当气温在25℃时,由发动机罩外吸入空气,可使发动机最大功率提高10%。

(2) 燃烧不正常。由于发动机温度高,进气终了的温度也高,使燃烧过程中产生的过氧化物活动能量增强,容易产生爆震和早燃。不正常燃烧导致发动机零件热负荷增加,容易导致零件产生热变形甚至裂纹,并加剧磨损。

(3) 润滑油易变质。在高温条件下,由于发动机过热,加剧了润滑油的热分解、氧化和聚合过程。不正常燃烧的废气窜入曲轴箱,既提高了油底壳的温度,又污染了润滑油。发动机的工作温度越高,润滑油变质越快。

(4) 发动机的磨损加剧。由于高温下润滑油的黏度降低,油性变差,加上润滑油易变质,导致机件的润滑变差;同时,由于不正常燃烧产生的高温高压,致使发动机的磨损加剧。

(5) 轮胎易爆。高温条件下,橡胶老化速度加快,强度减弱,行驶散热不良,轮胎内温度升高,气压增大,容易导致轮胎爆破。

2）高温条件下汽车使用的技术措施

(1) 加强季节维护。根据夏季气温高的特点,为了适应汽车正常运行的需要,在夏季来临以前,结合二级维护,对全车进行一些必要的季节性检查与调整。

①加强冷却系的维护,提高冷却强度。注意冷却系的检查,保证有充足的冷却液,冷却液不仅能防冻且具有良好的防腐蚀性能,防止冷却系产生水垢,提高了冷却液的沸点,不能使用普通水;检查冷却系的密封情况、节温器和冷却液温度表的工作情况;检查和调整风扇传动带松紧度或风扇电动机的性能。

②换用黏度较高的润滑油,适当缩短换油周期。在高温下大型货(客)车变速器和差速器的油温在高负荷连续行驶的条件下逐渐升高,与发动机润滑油一样,往往超过120℃。高温将引起传动系润滑油的早期变质,因此应换用夏季齿轮油,并适当缩短换油周期。轮毂轴承换用滴点较高的润滑脂,并按规定周期进行检查与维护。

(2) 防止爆震。为了防止爆震,应根据发动机的要求选用相应标号的汽油;同时应保持发动机的正常工作温度;检查火花塞的工作情况,清除积炭,调整电极间隙(图8-13)。

(3) 轮胎防爆。在夏季行车时,外界气温高,轮胎散热较慢,温度较高,易使气压过高而爆胎,因此应注意检查轮胎的温度和气压(图8-14),保持规定的气压标准,在酷热地区中午行车时,还应适当降低车速,每行驶40~50km应停车于阴凉地方,待轮胎温度降低后再继续行驶。不得中途采用放气或冷水浇泼轮胎的方法来降低轮胎的气压和温度,以免加速轮胎损坏。

图 8-13 拆检查火花塞的工作情况

（4）检查空调系统。在高温、强烈阳光、多尘、多雨的条件下长期行车，驾驶人劳动强度大，容易感到疲劳，影响行车安全，同时影响乘客的舒适性。所以保证空调系统具有良好的工作性能对于行车安全具有重大意义（图 8-15）。

 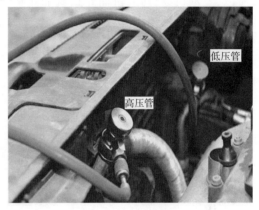

图 8-14 检查轮胎气压　　　　　　　　　图 8-15 检查空调系统

3. 汽车在山区和高原条件下的使用

汽车在山区（图 8-16）和高原地区行驶时，由于海拔高、气压低、空气稀薄、发动机充气量少，导致发动机动力性和经济性下降。

高原山区对汽车使用的影响如下：

（1）对发动机动力性的影响。汽车在高原（图 8-17）行驶时，随着海拔的升高，气压逐渐降低，空气密度减少，使充气量下降，发动机动力降低。海拔每增高 1000m，大气压力下降约 11.5%，空气密度减少约 9%，功率下降约 12%，转矩下降约 11%。

海拔也影响汽车的加速性能，海拔每增高 1000m，加速时间和加速距离加长 50%，最高车速下降 9% 左右。

随着海拔的增加，大气压力低，进气管真空度下降，发动机转速也下降，致使怠速不良。海拔每增高 1000m，怠速降低 50r/min。

（2）对发动机燃料消耗的影响。在高原山区行驶的汽车，由于空气密度下降，充气量将会明显降低；在山区行驶的汽车，由于坡度陡而长，汽车经常在低速挡大负荷的条件下行驶，发动机工作温度高。这些都将引起油耗增大（图 8-18）。

图8-16 险峻的盘山公路

图8-17 高原公路

（3）对润滑油的影响。在高原地区行车,由于发动机功率下降,发动机长时间满负荷工作,所以,发动机易过热,进而导致机油变稀和氧化变质加快。同时过浓的混合气燃烧不完全,窜入曲轴箱,冲淡机油,也加快机油变质,加剧机件的磨损（图8-19）。

图8-18 山区行驶的汽车燃料消耗大

图8-19 加快机油变质,加剧机件的磨损

4. 汽车在恶劣道路条件下的使用

坏路或恶劣道路是指泥泞的土路、冬季的冰雪道路和覆盖砂土的道路等。无路是指松软土路、耕地、草地和沼泽地等。

1）汽车在恶劣道路条件下的使用特点

汽车在坏路和无路条件下的使用特点是:驱动轮与路面的附着力减小;车轮的滚动阻力增大。此外,还会有突出的障碍物影响汽车通过。从而使汽车的驱动—附着条件恶化。汽车在坏路和无路条件下使用,燃料消耗量较大,比正常使用条件高出约35%。

汽车在松软的土路行驶,路面被破坏形成车辙,滚动阻力增大,甚至陷车而无法行驶。在泥泞道路上行驶时,往往由于附着系数降低,轮胎的滚动阻力增大,引起驱动轮打滑,使汽车的通过性变坏。

汽车在砂路上行驶,因路面松散,受压后变形大,承受切向力的能力差,使附着系数降低,滚动阻力增大,砂路和流沙地容易使汽车的驱动轮打滑;尤其在流沙地上,车轮的滚动阻力系数可达0.15～0.30或更大,驱动轮由于附着系数低而空转,影响汽车的通过性能。

雪路对汽车通过性影响很大,主要取决于雪的特性和深度。雪层的密度越大,其承受的压力也越大,雪层的密度、硬度都与气温和压实程度有关;气温低,雪层干而硬;气温高则相反。

雪层的厚度对汽车行驶也有一定的影响,被车轮压实后的雪路当其厚度为7～10mm时,对汽车正常行驶影响不大,如果雪层加厚,特别是松软的雪层,汽车通过能力明显下降。经验表明,雪层厚度大于汽车离地间隙1.5倍,雪的密度低于450kg/m³时,汽车便不能行驶。

在结冰路面上行驶的汽车,特别是在冬季车轮与冰面的附着系数降低到0.1以下,但车轮的滚动阻力与刚性路面相差不大。

2)汽车在恶劣道路条件下使用的技术措施

在坏路和无路条件下使用时,改善驱动轮与路面之间的附着条件,减少滚动阻力对提高汽车的通过性是很重要的。从使用方面改善汽车通过性的措施主要有:

(1)降低滚动阻力,提高车轮与路面附着力,防止车轮滑转。在汽车驱动轮上装防滑链,是提高车轮与路面附着系数的有效措施。防滑链的形式主要取决于路面状况和汽车行驶系的结构,防滑链有普通防滑链和履带式防滑链。

普通防滑链(图8-20)适用于冰雪路面和松软层不厚的土路;在黏土路上,当链齿塞满土时,使用效果则明显下降。履带式防滑链(图8-21)适用于松软层很厚的土路,它能保证汽车在坏路上,甚至驱动轮陷入土壤或雪内仍可以通过;菱形履带链还具有防侧滑的能力。

防滑链的缺点是链条较重,拆装不方便,更重要的是装上防滑链后,汽车的动力性和经济性均下降;在硬路面上行驶冲击大,使轮胎和后桥磨损严重。

克服短而难行的无路地段时,宜使用容易拆装的防滑带,如图8-22所示。

图8-20　普通防滑链　　图8-21　履带式防滑链　　图8-22　汽车用防滑带

(2)采用合理的驾驶方法。在恶劣的道路上行驶时,要选择好线路,尽可能避开泥泞和滑度较大的路面。通过泥泞或翻浆路时,最好一鼓作气地通过,途中不要换挡、停车。被迫停车后再起步时,如果是空车,挂中速挡,如果是重车,挂低速挡,轻踏加速踏板起步,使驱动力低于附着力,避免打滑。

松软道路附着系数很低,防止侧滑很重要,所以在驾驶时使用制动要特别小心,不得采用紧急制动,转向也不能过急,以免发生侧滑,尤其是坡道或急弯行驶时更要注意,若一旦出现侧滑,首先要抬起加速踏板降低车速,并立即将转向盘向着车轮侧滑的方向转动(在路面允许的条件下),以防止继续侧滑或发生事故。

当车轮已陷入泥泞道路空转时,不可盲目加大加速踏板行程来强行驶出,以免越陷越深,且强行驶出易使机件损坏。

(3)合理使用汽车轮胎。汽车轮胎对其通过性具有决定性的影响。为了提高汽车通过性,必须正确选择轮胎的气压、花纹、结构参数等,使汽车的行驶阻力较小,而又获得最大的附着力。

在松软道路上,汽车轮胎单位面积的压力越大,滚动阻力就越大,汽车的通过性就越差。所以,降低轮胎气压,增加轮胎宽度,可降低车轮的滚动阻力,提高汽车的通过性能。当汽车的驱动轮打滑或陷在泥泞路中时,为了减小单位面积压力,卸下载物也是一种必要的措施。这与汽车打滑而未下陷时,有意增加后轴附近载质量,改变汽车附着质量,达到提高附着力的目的是不矛盾的。也可使用调压胎,驾驶人可在驾驶室内调节轮胎气压,可从正常气压降到极低的气压(49~68.6kPa)。这样,轮胎的印痕面积可增大2~3倍,印痕压强相应降低,使汽车在松软和泥泞的道路上的行驶性能得到改善。

轮胎花纹对滚动阻力和附着力的影响很大,所以,要注意轮胎花纹的选择。普通花纹轮胎适合于在硬路面上行驶;越野花纹适合于泥地、松软路面上行驶;混合花纹轮胎适合于各种路面上行驶。

使用断面加宽的特种轮胎——拱形轮胎和宽断面轮胎可以大大提高汽车的通过性。

图8-23 汽车的自救

(4)采用自救或他救的方法。车轮已经陷入坑中时,可根据具体情况,采用自救或他救。他救就是用其他车辆、拖拉机等,拖出已陷入的汽车。无法他救时,可采用自救措施;若车桥没有触地时,可将坑铲成斜面,垫上碎石、灰渣等,然后汽车用前进或后倒的方法将车驶出;如果车桥壳触地,车轮悬空时,可先在车轮下面垫上木板、树枝、碎石等物,再以低速挡驶出;如果驱动轮滑转时,也可以将绳索绑在树干(或木桩)和驱动轮上,如同绞盘那样使汽车驶出陷坑(图8-23)。

三、任务实施

描述汽车特殊条件下的正确使用方法并汇报。

学习测试

一、填空题

(1)根据汽车在低温条件下的使用特点,采取的技术措施主要有:_____、保温、合理选用燃料及润滑油、_____、防冻等。

(2)发动机温度高,充气系数_____;燃烧不正常(爆震、早燃);润滑性能变差;供油系易产生_____等。

(3)汽车在高原行驶时,随着海拔的升高,气压逐渐降低,空气密度_____,使充气量_____,发动机动力降低。

二、判断题

(1) 在低温下使用的燃料应具有良好的挥发性、流动性和低含硫量,以便起动和减少磨损。（　　）

(2) 随着海拔的增加,大气压力高,进气管真空度上升,发动机转速也下降,致使怠速不良。（　　）

(3) 轮胎花纹对滚动阻力和附着力的影响很大,所以,要注意轮胎花纹的选择。普通花纹轮胎适合于在软路面上行驶;越野花纹适合于硬路面上行驶。（　　）

三、选择题

(1) 在高原地区行车,由于发动机功率下降,发动机长时间满负荷工作,所以,发动机易（　　）,进而导致机油变稀和氧化变质加快。

  A. 过热   B. 熄火   C. 过冷   D. 以上都不是

(2) 汽车在坏路和无路条件下的使用特点是:驱动轮与路面的附着力（　　）;车轮的滚动阻力（　　）。

  A. 减小 增大   B. 增大 增大   C. 减小 减小   D. 以上都不是

四、问答题

(1) 低温条件下汽车使用的技术措施有哪些?

(2) 高温条件下汽车使用的技术措施有哪些?

(3) 高原、山区条件下汽车使用的技术措施有哪些?

(4) 恶劣道路条件下汽车使用的技术措施有哪些?

学习任务4　汽车运行材料的合理使用

1. 能够正确描述汽车运行材料的使用知识;
2. 能运用汽车运行材料使用知识指导客户合理使用汽车消耗品。

一、任务分析

汽车运行材料指燃料、润滑油、轮胎、冷却液和制动液等。汽车运行材料使用是否合理,对维持汽车正常工作和良好技术状况,保证汽车的使用可靠性,延长汽车的使用寿命,均有直接影响。

二、相关知识

1. 汽车燃料的选用

目前,绝大部分汽车使用的燃料是汽油或柴油,小部分汽车使用的是液化石油气。现在以氢气为燃料的环保型汽车已经研制成功并投入了试运行(图8-24)。

汽油和柴油作为汽车的主要燃料,其性能的好坏,对于汽车发动机的动力性、经济性、可靠性和环保性等具有极大的影响。

(1)弄清楚自己的车是汽油发动机还是柴油发动机。

(2)观察燃油量表。检查燃油箱内的燃油量,"F"表示燃油满箱,"E"表示燃油耗尽(图8-25)。

图8-24 以氢气为燃料的环保型汽车

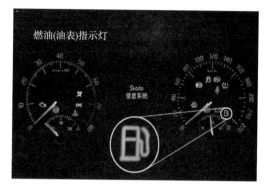
图8-25 燃油表

(3)应及时前往正规的加油站加注燃油,油量警告灯亮起,必须加注燃油。

(4)选择汽油。

①高清洁无铅汽油。高清洁无铅汽油不含有害的铅化合物、腐蚀性物质、胶状物质、机械杂质,水分的含量大大减少。高清清无铅汽油的主要功能可概括为六个方面:一是减少环境污染:尾气排放一氧化碳平均下降57.80%,碳氢化合物平均下降40.3%;二是保持清洁:保持新车发动机燃油供给系统的清洁,如喷嘴、油道、进气阀、火花塞、燃烧室等部件,在汽车运行中不生成油垢、胶状物和积炭,不需要定期清洗,省时省力;三是清除积炭:可清除由于未使用高清洁无铅汽油,发动机燃油供给系统各部位已经形成的油垢、胶状物和积炭;四是节省燃油:清洁的燃油供给系统,提高了燃油雾化能力,使发动机功率充分发挥,节省燃油达5%;五是改善驾驶性能:发动机起动容易,转速平稳,提速加快;六是延长发动机使用寿命:发动机喷油嘴的使用寿命延长,减少维修更换部件费用。

②汽油的标号。汽油是按辛烷值的高低以标号来区分的,辛烷值是表示汽油抗爆性的指标。常用的辛烷值测定方法有两种:马达法(MON)和研究法(RON)。两种方法测出的数值是不一样的,用研究法测得的数值比马达法测得的数值高8~10个单位。我国采用研究法测定的数值,93号汽油表示它的辛烷值不低于93,依此类推。我国目前市场供应的汽油标号有90号、93号、97号、98号,标号越高其抗爆性越好,适合于高压缩比的发动机。

③汽油的选择。根据汽车使用说明书的要求选择相应标号的汽油。

根据发动机压缩比的不同选用不同标号的汽油,如果高压缩比的发动机使用不适合的低标号汽油,就会产生爆震,油耗增加,功率下降;反之,低压缩比的发动机使用不适合的高标号汽油,会造成不必要的浪费。

压缩比不大于9.0的用90号汽油;压缩比不大于10.0的用93号汽油,压缩比大于10的用97号以上的汽油。

(5)选用柴油。柴油分为轻柴油、重柴油和军用柴油三类。中、高速柴油机使用的燃料是轻柴油,简称柴油。

柴油机的燃烧不是火花塞点燃的,而是将柴油高压喷入压缩后在汽缸内与高温、高压的空气相遇进行着火燃烧的,故又称为压燃式发动机。柴油发动机具有热效率高、耗油率低等特点。因此,柴油发动机在汽车上的应用越来越广泛,家用轿车也开始使用柴油发动机。

①柴油机对柴油性能的要求。

a. 良好的燃烧性。它表示柴油的自燃能力。

b. 良好的低温流动性。

c. 适当的雾化和蒸发性。柴油机的燃烧室和喷油设备既定后,柴油的雾化和蒸发性就决定了柴油机燃烧室内形成混合气的质量。

d. 良好的安定性,无腐蚀性和清净性。

②柴油的标号及选用。

a. 标号。柴油按凝点划分标号,凝点不高于10℃为10号柴油,凝点不高于-10℃为-10号柴油,其余类推。目前国内市场上的柴油主要有10号、0号、-10号、-20号、-35号、-50号等。

b. 柴油的质量等级。按含硫量及安全性的不同分为三个等级:优级品、一级品和合格品。柴油质量等级的主要差别是,优级品的含硫量最低,安全性最好。

c. 柴油的选用。根据当地的环境温度确定柴油的标号,一般柴油的标号要低于当地气温5~8℃。如当地气温为-5℃,选用-10号柴油即可,而不需要用-35号,-50号。因为柴油标号越低,其价格越高。就同一质量等级的柴油而言,其差别仅是凝点不同,无目的地使用过低凝点的柴油,只会造成浪费。如选用了0号或10号柴油,则会导致柴油失去流动性而不能供油。

2. 汽车润滑材料的选用

汽车在正常使用过程中,零部件间发生相对运动,加之载荷和温度的作用,会引起零部件的磨损,导致车辆发生故障和损坏。为减缓零部件的磨损,减少故障,延长车辆的使用寿命,最大限度地发挥车辆应有功率,必须正确使用润滑材料。汽车润滑材料主要包括发动机油(机油)、齿轮油和润滑脂(黄油)。

1)机油

现代汽车发动机的正常使用寿命越来越长的主要原因是机油的保护起到了非常重要的作用。所以,合理选用机油是汽车使用和维护中最重要的内容。

(1)机油的作用。性能优良的机油应具有润滑、冷却、密封、清洗和防锈作用。

(2)机油的分类。我国按发动机的类型分为汽油机油和柴油机油两类,每一类又按其使用性能和黏度分为若干等级。

按照使用性能分类(质量等级),我国采用 SPI 质量分类法分为:

①汽油机系列(S系列)有:SC、SD、SE、SF、SC、SH、SI、SJ、SL 等等级。第二位字母越靠后,等级越高,使用性能越好。

②柴油机系列(C系列)有:CC、CD、CE、CF、CG、CH、CI 等等级。第二位字母越靠后,等

级越高,使用性能越好。

还有汽油机/柴油机通用机油 SD/CC、SE/CC、SF/CD 等等级。

①冬季用油(W 级)有:0W、5W、10W、15W、20W 和 25W 等等级。级号越低,适应的环境温度越低。

②非冬季用油有:20、30、40、50 和 60 等等级。级号越大,适应的环境温度越高。

③多级油有:5W/20、5W/30、5W/40、10W/40、15W/40、20W/40 等等级,能同时满足某一 W 级和非 W 级的黏度要求,有较宽的温度使用范围。

(3)机油标号。

①SH 20W/50,表示汽油机油,质量等级为 H,多级油。

②API CH4/SJ SAE 15W-40,表示柴油机、汽油机通用油,质量等级分别为 H4 和 J,多级油。

③SAE 5W-40SJ,表示汽油机油,质量等级为 J,多级油。

(4)机油的选用。根据汽车使用说明书的规定使用机油。可以用质量等级高的油代替质量等级低的油,反之绝对不行,否则会导致发动机早期磨损和损坏,不同等级的油不能混用。

根据气候条件尽量选用多级油,省去了按季节变化换油的麻烦。

(5)机油的检查。

①打开发动机舱看到机油尺。

②抽出机油尺,用干净棉丝擦净油迹,然后再次插入,稍后再次抽出。

③查看机油油迹是否在花纹区域之间,如果油迹在区域下端则需添加机油。

如果发现机油颜色较黑且混浊或有乳白色现象,是机油变质,应到修理厂查明原因,更换机油。

平时应在规定里程内定期更换机油,这一点是千万不能忽视的。

2)汽车齿轮油

(1)汽车齿轮油的作用。汽车齿轮油用于手动变速器、主减速器和转向器中齿轮传动的润滑,其作用是减少摩擦、降低磨损、冷却零部件、缓和振动与冲击、防锈和清洗。

(2)汽车齿轮油的分类。齿轮油的分类也是采用 SAE 黏度标准和 SPI 使用性能标准。

①SAE 黏度等级有:70W、75W、80W、85W、90、140、250 等。数值越大,适用温度越高。带 W 为冬季用油,不带 W 为夏季用油,也有多级油 80W/90、85W/90 等。

②SPI 使用性能等级有:CL-3、CL-4、CL-5 等。

3)汽车润滑脂

润滑脂是一种半固体状的润滑材料,在汽车上主要用于轮毂、万向节等轴承部位,具有润滑、防锈和密封作用。

使用时,应选择与用脂部位工作条件相适应的润滑脂的品种和牌号。工作条件包括:工作温度、运转速度、负荷和工作环境污染状况。

润滑脂的稠度等级有:000、00、0、1、2、3、4、5、6 九个级别。000 号最稀软成液态,6 号最硬稠几乎成固体。汽车常用 1、2、3 号润滑脂。

汽车轮毂是主要的用脂部位,建议全年使用 2 号脂(南方),或冬季用 1 号脂,夏季用 2

号脂(北方)。在炎热季节,重负荷车辆上可使用3号脂。用脂过稠会增加轮毂轴承转动阻力,使油耗增大,不利于节能;用脂过稀会造成轮毂油封漏油,甩到制动蹄摩擦片上会造成制动失灵。汽车轮毂轴承润滑应采用空毂润滑方式,即只是在轴承内装满润滑脂,轮毂内腔仅薄薄地涂抹一层润滑脂防锈即可。

3. 汽车冷却液的选用

长期以来一讲到汽车冷却液,人们就想到用清洁的水,因为水既经济又有较好的散热效果。但是,水的冰点高,0 ℃就要结冰,体积膨胀,容易使缸体、散热器损坏;水的沸点低,100 ℃就要沸腾。夏季高温时,冷却水会沸腾,影响汽车正常行驶;另外,水加热后会形成水垢,沉积在散热器和缸体内,影响散热,造成发动机温度过高。而防冻冷却液可以完全避免上述缺点。

1)防冻冷却液的性能

防冻冷却液由防冻添加剂和适量的蒸馏水配制而成,具有优良的性能,具体如下:

(1)沸点高,可达190 ℃,所以蒸发损失小,在发动机正常工作情况下,冷却液几乎不会减少。

(2)冰点低,可达 -60 ℃,不会结冰冻裂发动机。

(3)流动性好,热容最大,散热效率高。

(4)防腐蚀性好,不易产生水垢。

2)防冻冷却液的选用

汽车出厂时,冷却系统内已加入了永久性防冻冷却液,正常情况下不需更换。一旦发现冷却液减少得较快,要进行仔细检查,排除故障。补充和更换冷却液应选用汽车使用说明书规定的品牌,不同品牌的冷却液不可混用。应常年使用防冻冷却液。

3)防冻冷却液的使用注意事项

防冻冷却液在使用中应注意以下几点:

(1)在选用防冻冷却液时,防冻冷却液的冰点应比当地的最低气温低5 ℃。

(2)防冻冷却液的表面张力比水小,容易泄漏,加注前要仔细检查冷却系的密封性。

(3)由于防冻冷却液的膨胀系数大,所以只能加到冷却系总容量的95%,以免升温后溢出。

(4)经常用密度计检查防冻冷却液的冰点。

(5)添加防冻冷却液时,应先让发动机熄火,待其温度降低后再添加,以防烫伤。

(6)防冻冷却液有毒。

4. 汽车制动液的选用

制动液是汽车制动系统传递力的介质,其数量和质量直接关系到制动性能的好坏和行车的安全。

1)汽车制动液的主要性能

汽车制动液一般是酯类油或醇醚类化合物,其主要性能有:

(1)高温抗气阻性。现代汽车的车速越来越高,行驶中频繁制动,制动液的温度可高达150 ℃以上。高温下制动液汽化形成气阻造成的制动失灵将是致命的。

(2)与橡胶的配伍性。要求制动液对制动系统内的橡胶零件不会造成溶解、软化或硬化现象。

(3)抗腐蚀性和防锈性。要求制动液不会引起金属零件的腐蚀和生锈。

(4)低温流动性。冬季气温低,如制动液黏度增加过大的话,将使其流动性变差,不能准确地传递压力,导致制动失灵。

(5)溶水性。制动液具有吸湿性,使用中会吸收空气中的水分。要求制动液在吸水时能与水互溶,不产生分离和沉淀。

2)我国汽车制动液标准

我国汽车制动液标准有 JG3、JG4、JG5 三个等级,分别对应美国联邦机动车辆安全标准(FWVSS)的 DOT-3、DOT-4、DOT-5 三个等级,都可常年使用。

3)汽车制动液的使用注意事项

制动液必须每两年更换一次。使用中应注意:

(1)各种制动液不能混合使用,以防止混合后分层而失效,替换用其他制动液时,应彻底清洗制动系统。

(2)应保持制动液清洁,防止水分、矿物油和机械杂质混入。

(3)汽车制动液多以有机溶剂制成,易挥发、易燃,应密封保存并注意防火。

5.汽车轮胎的认识

1)轮胎的材料

汽车轮胎由橡胶、炭黑、橡胶添加剂和用做帘布层的尼龙丝、聚酯纤维或钢丝制成,其中橡胶是最主要的原料。橡胶有天然橡胶和合成橡胶,天然橡胶来自于橡胶树,合成橡胶来自于石油产品。

2)轮胎的结构

轮胎分为有内胎和无内胎、普通斜交轮胎和子午线轮胎,现代轿车都采用无内胎的子午线轮胎。

(1)胎面也称胎冠,是轮胎的行驶面,它与路面接触,直接承受冲击和磨损,并使轮胎与路面间有很大的附着力,故胎面应具有较高的弹性、弹力和耐磨性能。为增加轮胎的附着力,避免轮胎横向打滑,胎面制有各种花纹(图8-26)。

(2)胎肩是较厚的胎冠较薄的胎侧间的过渡部分,一般也制有各种花纹,以提高该部位的散热性能。

(3)胎侧是贴在胎体帘布层侧壁的薄橡胶层,主要作用是保护胎体侧部帘布层免受损伤。

(4)胎体是外胎的骨架,由帘布层和缓冲层组成,其作用是承受负荷,保持轮胎外缘尺寸和形状。帘布层用浸胶的棉线、人造丝、尼龙、聚酯纤维和钢丝等材料制成,在帘布层与胎面之间,还有用上述材料制成的缓冲层。

(5)胎圈由钢丝圈、帘布层包边和胎圈包布组成。轮胎靠胎圈固装在轮

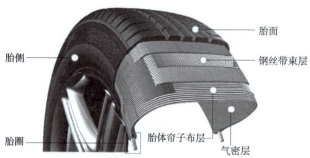

图 8-26 轮胎的内部结构

辋上与轮辋紧密结合形成密封。

（6）气密层是轮胎的内衬层，要求有良好的气密性能（图8-27）。

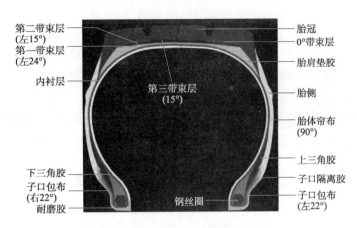

图8-27 轮胎的断面图

3）轮胎的规格

以图8-28所示的195/55R15 85V规格的轮胎为例，其中195为轮胎断面宽度，mm；55为轮胎的扁平率，是轮胎断面高度除以断面宽度得到的百分数；R为轮胎的结构标志，指子午线轮胎；15为轮胎内径，即轮辋名义直径，in；85为载重指数，数字越大，承载能力越大；V为速度级别，是指轮胎在负荷指数内允许的最高时速，常用的速度等级有 P（150 km/h）、Q（160 km/h）、R（170 km/h）、11（210 km/h）、S（180 km/h）、T（190 km/h）、V（240 km/h）、W（270 km/h）、r（300km/h）、Z、ZR（>240 km/h）。

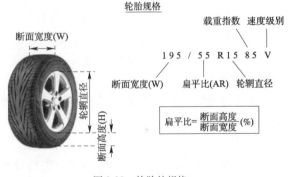

图8-28 轮胎的规格

6. 选择轮胎

轮胎是行驶系统的主要部件，其作性能的好坏，直接影响着车辆的安全性、稳定性和经济性，有的轿车由于超速行驶或轮胎气压过高，引起爆胎，造成车毁人亡；有的由于轮胎选用不当，引起轮胎早期磨损，而对行车安全构成了威胁；还有的由于购买了假冒伪劣轮胎，酿成事故。因此，车主必须谨慎地选择轮胎。

现代轿车普遍采用子午线无内胎轮胎。这是一种适应高速公路、高速轿车的新型轮胎。所谓子午线轮胎，就是帘布层相互平行排列，恰似地球的子午线方向。

子午线轮胎与普通斜交轮胎相比有以下特点：弹性大、耐磨性好，可使轮胎寿命提高30%～50%；滚动阻力小，可降低油耗8%左右；抓地性能及缓冲性能好，承载能力强；抗刺能力强，行驶安全；附着力大，整车行驶性能好。

无内胎轮胎被刺后，不易漏气或漏气较慢，压力不会急剧下降，仍能安全行驶一段距离。无内胎轮胎行驶中产生的热量，直接从轮胎和轮辋散出。所以温度较普通轮胎低20%～

30%,有利于高速行驶,且寿命可延长20%。

同一辆车应选用同一品牌、同一类型、同一花纹的轮胎,最起码同一车轴的轮胎应该如此。

7. 合理使用和维护轮胎

合理使用和维护轮胎的目的是降低轮胎的磨损速度,防止不正常的磨损和损坏,从而延长轮胎的使用寿命,降低燃油的消耗。

1)保持轮胎气压正常

轮胎气压是决定轮胎使用寿命和工作好坏的主要因素。因此,每天出车前必须观察轮胎气压是否异常,必要时用轮胎气压表检查。每月必须用轮胎气压表检查一次全车轮胎气压,并做调整。

通常厂家都会将轮胎气压值印在驾驶座门边或加油口盖上。轿车轮胎气压一般在$0.2\sim0.4$MPa。

正常情况下,胎面花纹磨损均匀;轮胎气压过高时,胎面中间花纹磨损较快。轮胎气压过低,胎面两肩花纹磨损较快。

2)保持轮胎胎面完好

(1)检查并剔除胎面嵌入的石子、铁钉、玻璃等。这些嵌入物如不及时剔除将会进一步插入胎体内,导致胎面开裂,造成帘线强度降低,引起爆胎。

(2)检查胎面花纹深浅。随着轮胎的磨损,胎面花纹会变浅,一般在花纹的底部有一磨损极限标记,相应部位的轮胎侧面有一"▲"或"TWI"标记,一旦花纹与磨损极限标记磨平,应及时更换轮胎。

(3)检查轮胎是否偏磨。胎面花纹出现偏磨现象,表明车轮定位失准,应及时进行四轮定位检查和调整。

3)防止车辆超载

车辆超载将引起轮胎超载荷工作,轮胎变形增大,磨损加剧,胎温过高,橡胶老化加速,寿命缩短,导致爆胎,引发交通事故。

4)精心驾驶车辆

(1)缓慢起步、平稳加速,避免急加速使车轮滑转。

(2)不要超速行驶,避免胎温过高;夏季长途行车,应适当停车休息散热,决不能泼冷水降温。

(3)尽量避免紧急制动。

(4)转弯时车速不能过快。

5)轮胎定期换位

汽车行驶中各个轮胎的工作条件、承载受力、磨损程度都有差异,为使全车轮胎磨损均匀,应视情况对轮胎进行换位。对于子午线轮胎应保持换位后的滚动方向不变。

6)轮胎拆装和修补后必须进行动平衡试验。

三、任务实施

描述汽车运行材料正确使用方法并汇报。

学习测试

一、填空题

(1) 汽油是按辛烷值的高低以标号来区分的,辛烷值是表示汽油抗爆性的指标;标号越高其抗爆性越好,适合于_____的发动机。

(2) 性能优良的发动机油应具有润滑、冷却、_____、清洗和_____作用。

(3) 汽车齿轮油用于_____、主减速器和_____中齿轮传动的润滑,其作用是减少摩擦、降低磨损、冷却零部件、缓和振动与冲击、防锈和清洗。

(4) 现代汽车的车速越来越高,行驶中频繁制动,制动液的温度高达150 ℃以上。高温下制动液汽化形成气阻造成的_____将是致命的。

(5) 轮胎分为_____和无内胎、普通斜交轮胎和_____,现代轿车都采用无内胎的子午线轮胎。

二、判断题

(1) 柴油按冰点划分标号,冰点不高于10℃为10号柴油,冰点不高于-10℃为-10号柴油,其余类推。（   ）

(2) 润滑脂的稠度等级有:000、00、0、1、2、3、4、5、6 九个级别。000号最硬稠几乎成固体,6号最稀软成液态。（   ）

(3) 制动液不具有吸湿性,使用中不会吸收空气中的水分。（   ）

(4) 现代轿车普遍采用子午线无内胎轮胎。这是一种适应高速公路、高速轿车的新型轮胎。（   ）

三、选择题

(1) 我国汽车制动液标准有JG3、JG4、JG5三个等级,分别对应美国联邦机动车辆安全标准(FWVSS)的(   )三个等级。

    A. DOT-2、DOT-3、DOT-4　　　　　　B. DOT-3、DOT-4、DOT-5

    C. DOT-4、DOT-5、DOT-6　　　　　　D. 以上都不是

(2) 轮胎的扁平率,是轮胎断面(   )除以断面宽度得到的百分数。

    A. 高度　　　　B. 直径　　　　C. 厚度　　　　D. 以上都不是

四、问答题

(1) 描述 225/60R16 98H 规格的轮胎含义。

(2) 叙述汽车制动液的使用注意事项。

(3) 叙述防冻冷却液的使用注意事项。

(4) 解释 API CH4/SJ SAE 15W-40 含义。

参 考 文 献

[1] 国家技术监督局.GB 7258—2012 机动车运行技术安全条件[S].北京:中国标准出版社,2013.
[2] 万海海.汽车使用性能与检测[M].北京:中国劳动社会保障出版社,2008.
[3] 徐志军.汽车性能与使用[M].北京:化学工业出版社,2010.
[4] 王维,刘建农,何光里.汽车制动性能检测[M].北京:人民交通出版社,2005.
[5] 杨益明.汽车检测设备与维修[M].北京:人民交通出版社,2005.
[6] 郭彬.汽车使用性能与检测技术[M].西安:西安电子科技大学出版社,2007.
[7] 余志生.汽车理论[M].3版.北京:机械工业出版社,2007.
[8] 魏庆曜.发动机与汽车理论[M].北京:人民交通出版社,1998.
[9] 交通部公路司.汽车综合性能检测[M].上海:上海科学技术文献出版社,1999.
[10] 交通部公路司.汽车维修质量检测员岗位培训教材[M].北京:科学技术文献出版社,2000.
[11] 朱福根.汽车使用性能与检测技术[M].北京:北京邮电大学出版社,2008.
[12] 明平顺.现代汽车检测技术[M].北京:人民交通出版社.2001.